지친 영혼에게
보내는 엽서

지친 영혼에게 보내는 엽서
흔들리는 날에도 내일을 부르는 이야기

초 판 1쇄 2025년 12월 02일

지은이 보나쓰
펴낸이 류종렬

펴낸곳 미다스북스
본부장 임종익
편집장 이다경, 김가영
디자인 윤가희, 임인영
책임진행 안채원, 이예나, 김요섭, 김은진, 국소리

등록 2001년 3월 21일 제2001-000040호
주소 서울시 마포구 양화로 133 서교타워 711호
전화 02) 322-7802~3
팩스 02) 6007-1845
블로그 http://blog.naver.com/midasbooks
전자주소 midasbooks@hanmail.net
페이스북 https://www.facebook.com/midasbooks425
인스타그램 https://www.instagram.com/midasbooks

ⓒ 보나쓰, 미다스북스 2025, *Printed in Korea.*

ISBN 979-11-7355-606-7 03810

값 18,000원

※ 파본은 구입하신 서점에서 교환해드립니다.
※ 이 책에 실린 모든 콘텐츠는 미다스북스가 저작권자와의 계약에 따라 발행한 것이므로 인용하시거나 참고하실 경우 반드시 본사의 허락을 받으셔야 합니다.

미다스북스는 다음세대에게 필요한 지혜와 교양을 생각합니다.

지친 영혼에게
보내는 엽서

**흔들리는 날에도
내일을 부르는 이야기**

보나쓰 지음

미다스북스

목차

들어가는 글   007

1부 ——— 무기력, 아득히 멈춰 있던 바닥

무력감을 느낄 때	013
조용한 날에 깨어나는 감각	019
삶이 무채색으로 번지면	025
멈추고 싶은 날의 공기	031
낯선 틈에서 피어나는 마음	035
몸이 기억하는 하루	041

2부 ──────── 고요 속을 유영하던 작은 움직임

내 얼굴에 남은 표정	049
생각지 못한 여유	053
비껴선 시간 속의 나	059
나를 다시 쓰는 일	063
견딘 감정이 남긴 흔적	069
사는 게 재미없나요?	075
아무것도 하지 않는 용기	081
멈춘 듯 흐르는 시간	085
정적이 드러내는 진실	091

3부 ── 일 년의 시간, 흩어졌다가 다시 모인 마음

천천히 흘러가는 날들	101
적막 속에 이는 파동	107
마음을 꺼내다 보면	113
변화의 틈에 꽃이 필지도	117
희미해도 희망은 있다는 걸	123
무기력한 나를 일으킨 건	129
두 권의 책, 시간을 담다	137

4부   살아 있다는 느낌은 느리게 온다

저마다의 무게, 그 속의 빛   147

돌아온 길 위에서 마주한 나   153

다시 데워지는 마음   159

고독을 밀어내는 사소한 힘   163

느리게 오는 감정의 이름   169

5부   한 발짝 더, 내일을 향해

변하지 않는 것들 사이에서   177

약속 없는 내일이라도   181

천천히 물드는 길 위의 마음   187

삶이 나를 붙드는 방식   193

내일을 부르는 작은 신호   199

나가는 글   205

들어가는 글

처음 들어간 깊은 숲에서 길을 잃고, 노루나 멧돼지를 잡으려고 파놓은 함정에 빠진 듯한 날들이 있었다. 비는 추적추적 내렸고, 사방에서는 낯설고 소름 끼치는 소리들이 들려왔다. 옷은 얇아 금세 젖었고, 온몸은 긁혔고, 발목은 부러져 영락없이 죽겠구나 싶었다. 그 와중에 희망이었던 건 사냥꾼이 올 거라는 믿음이었다. 만약 그가 나를 노루나 멧돼지로 본다면 꼼짝없이 죽겠지만, 다행히 내가 사람인 걸 알아본다면 꺼내어 치료해 주지 않을까 하는 기대가 있었다.

그러나 나는 정말 사람의 모습을 하고 있을까. 그들과 같은 형상을 지니고 있을까. 내 목소리는 사냥꾼의 언어를 닮아 있을까. 그 의문 속에서 차라리 함정에 갇힌 채 살아가는 게 나을지도 모른다는 생각을 했다. 물론, 사냥꾼이 자신이 놓은 덫을 잊고 지나간다면 말이다.

  나는 이 책을 시작하면서, 그날들의 감정을 근접 촬영하듯이 가능한 가까이 전하고자 했다. 그래서, 글의 꽤 많은 부분을 그 시절의 감정과 노력을 표현하고 보여주는 데 할애했다. 어떤 이는 눈살을 찌푸릴 것이고, 또 어떤 이는 외면하고 싶을 수 있다. 그래도 살다 보면 그런 감정들도 있다는 걸 진솔하게 말하고 싶었다. 무기력했다고 표현하지만, 나조차 그 감정의 이름을 정확히 붙이거나 단정할 수 없었던 날들이 있었다. 혹시나 그때의 나를 닮은 당신이 있다면, 이 이야기가 닿을 수도 있지 않을까 하는 마음이 든다.

  삶은 정확한 그림을 그려 내일을 보여주지 않는다. 오히려 걸어가는 도중에 자꾸 길을 새로 내고, 사건을 만들어 혼란스럽게 한다. 겉으로는 모두에게 비슷한 지도를 내미는 것 같지만, 각자가 해석하는 길이 다르고 사건의 의미가 다르기에 누구도 같은 길을 가지 않는다. 인생을 걷는 길에는 스승이 없다. 다만 손 내밀어 주는 친구가 있고, 맞서야 할

적이 있다.

  나는 다행히 친구를 더 많이 만났다. 덕분에 많은 길을 편안히 걸어왔다. 그러나 그 시절엔 기댈 곳이 없었다. 혼란스럽던 감정이 가라앉고 정적 속에서 움츠러들 때, 내가 찾던 건 친구나 빛이 아니었다. 내게 간절했던 건 나 자신에 대한 믿음, 사랑, 용기 같은 것들이었다. 내 안에서만 자랄 수 있는, 작은 생명 같은 것들이었다. 스스로 광합성을 하지 못해 다른 식물의 뿌리에 기대 자라는 두메풀깨비꽃처럼. 빛 한 줄기 닿지 않아도 유기물을 분해하며 살아가는 버섯처럼 내 안에서 자라나던 것들이었다.

  버티고 살다 보니, 그렇게 어둠 속에서 자라는 것들도 있었다. 태양처럼 밝거나 별빛처럼 반짝이지 않아도, 희미하게 끈질긴 생존으로 삶을 이어가게 하는 감각들이다. 나는 그 이야기를 붙들고, 그날들의 흔적을 마무리 짓고 싶었다. 혹시라도 같은 날들을 지나고 있는 친구가 있다면, 괜찮다는 말을 전해주고 싶었다. 신의 장난은 때때로 지나치게 짓궂지만, 어쩌면 인간의 단단함을 믿기 때문일지도 모른다고.

  책을 시작하면서 내가 가장 먼저 한 일은, 오래전에 써뒀던 글들을 다시 읽는 일이었다. 가능한 내용을 수정하지 않았다. 지금의 나로서는 완전히 알 수 없는 그림자 같은 순간들이 여전히 많았기 때문이다. 시간은 많은 걸 잊게 하고, 또 새로 짓게 한다. 그러니 그날의 내가 지금의 당신이라면, 황량해진 마음에서 너무 서두르지 말라고 말해주고 싶다. 언젠가는 걸어 나오는 자신을 발견하게 될 거라고.

1부

무기력,
아득히 멈춰 있던 바닥

어떤 멈춤 속에도
여전히 존재하는 나를 찾는 첫 여정.
낯선 감정을 외면하지 않고
끝까지 들여다보는 순간에서 시작된다.

무력감을
느낄 때

"오늘은 그저 숨만 쉬어도 좋아."

몸보다 마음이 먼저 가라앉는다.

알람이 울린다. 익숙한 멜로디가 귓속을 찌르듯 파고든다. 오늘은 유난히 거슬린다. 화면을 밀어 끄고 다시 눈을 감는다. 어둡지도, 밝지도 않은 방안이다. 창문 틈으로 들어온 빛이 커튼을 뚫고 벽지를 따라 흐른다. 그 빛이 내 쪽으로 오기까지는 아직 멀다. 몸을 일으키는 일이 괜히 짜증스럽다.

문이 열리고 발걸음 소리가 들린다. 곧이어 부스럭거린다. 도둑고양이처럼 또 그가 왔다. 조용히 움직이는 듯한 자잘한 소리들이 더 거슬린다. 이불을 뒤집어쓴다. 약간의 답답함과 작은 동굴 속 같은 적요가 공기층 하나를 더 만든다. 그 공기는 오히려 통각을 더 또렷하게 느끼게 한다. 다행인 건 동굴 안에서는 아무것도 하지 않아도 된다. 설명하지 않아도 되는 시간이 있다. 외부의 시간은 느리지만 멈추지 않고 흘러간다. 멀리서 분침소리가 들린다. 내 몸은 자꾸만 처진다. 기운이 없다는 건 말로 표현하기 어려운 감각인 듯하다.

그런 나와 달리 그는 이십여 분이면 쓰레기를 모아 현관 앞에 내놓고, 부엌에 널린 캔과 비닐을 정리한 후에 생수를 챙겨두고, 음식물쓰레기를 담아 사라진다. 사람의 인기척이 이렇게 내 안을 스산하게 만들 수는 없다.

인터넷에서 봤던 개가 떠오른다. 주인이 여러 번 바뀌며 학대받아 사람을 신뢰하지 못한 개다. 마침내 좋은 사람을 만난다. 사람은 방석을 깔아주고, 목욕을 시키려 하지만 개는 허락하지 않는다. 끼니마다 습식 사료를 내어주었지만 개는 친절을 외면하고 먹이를 거부하며 인내를 택했다. 얼마의 시간이 지나, 사람이 사라지고 어둑해지면 개는 약간의 허기를 채웠다. 그리고 다시 웅크렸다. 개는 사람이 왜 자신의 배변을 치우는지, 향기로운 담요를 덮어주려 하는지 이해하지 못했다. 그 다정함이 낯설고 무서웠다.

생각이 다시 내게로 흐른다. 아프지도 슬프지도 않은데 몸이 바닥에 눌린다. 눈은 떠 있지만 깨어 있다는 실감이 없다. 꿈에서 빠져나온 줄 알았는데, 현실이 더 흐릿하다. 해야 할 일은 있지만 굳이 오늘이 아니어도 된다. 누운 억새풀이 바람에 흔들리듯 어지럽고, 현기증이 일어난다.

주방까지 가는 길에 멀미가 난다. 뇌가 한쪽으로 기울었다가 걸음마다 반대쪽으로 휘청인다. 겨우 몸을 일으켜 슬리퍼를 끌고 걷는다. 새벽에 마신 오렌지 주스 자국이 말라 붙은 머그잔이 있다. 전자레인지 안에는 식은 밥이 놓여 있다. 찬물 한 컵을 마시고 컵을 내려놓는 순간, 이 공간 안에 있다는 사실이 낯설다. 식은 밥을 치우려다가 다시 주저앉는데, 부엌의 사물들이 투명한 그림자처럼 산만하게 오락가락한다. 한참을 머뭇대다 베란다 창문을 연다.

세상의 소리가 솨하며 밀려든다.

이웃 벽 너머로 젊은 남자의 웃음소리가 들린다. 그 웃음이 정적을 깨뜨리는 것이 무례하게 느껴진다. 내 안은 아무 말도 떠오르지 않는 세상처럼 잠잠하다. 내게 무기력은 그렇게 온다.

"기운이 없어."라는 말은 속의 피로를 다 담아내지 못한다.

"왜 그런지 모르겠어."라는 말에는 설명할 수 없는 무책임이 숨어 있다.

"잘 자고 나면 괜찮아질 거야."라는 위로는 그 순간의 나와 너무 멀다.

나는 그저 가만히 있고 싶다.

누구도 나를 흔들지 않았으면 한다.

『외로운 도시』의 작가 올리비아 랭은 외로움은 피로로 가장해 찾아온다고 했다. 아마 이런 상태를 두고 한 말인지 모른다. 아무것도 하지 않아도 되는 시간이 친근하지 않다. 아침이면 무엇인가 해야 한다는 습관 탓에 텅 빈 하루는 혼란을 남긴다. 그러나 그 혼란도 오래가지 않는다. 몸이 먼저 주저앉는다. 의지는 침대 모서리에 걸치고, 나는 그보다 더 깊숙이 이불 속으로 들어간다. 하루가 그렇게 흘러간다.

반쯤 깼다가 다시 잠든다. 텅 빈 천장을 바라보다 수면유도제를 삼킨다. 스피커에서 야스민 레비의 〈우나 노체 마스〉가 애절하게 흐른다. 눈을 감는다. 누군가는 분주하게 하루를 시작하겠지만, 나는 멈춰 있고, 멈춰 있어야 한다. 억지로 나를 밖으로 내몰지 않는 하루가 나를 조금 쉬게 한다.

무기력해도 괜찮다. 기운이 없다는 이유로 나를 다그치지 않는다. 나는 지금 충분히 애쓰고 있다. 오늘은 그저 숨만 쉬어도 되는 날이다. 나는 일어나지 않을 자유를 붙잡는다. 오늘은 그 자유를 놓고 싶지 않다.

조용한 날에
깨어나는 감각

"지금 이 순간도 충분해."

어떤 사람과도 부딪힐 일도 웃을 일도 없는 날이다. 또 그가 왔다. 자꾸만 다녀간다. 그는 오늘도 슬그머니 들어와 먹을 것을 두고, 재활용 쓰레기를 챙겨 나간다. 오늘은 움직임이 더 빠르다. 열렸다 닫히는 문소리와 비닐 부스럭거림이 귀에 거슬리며 역하게 들린다.

일부러 문을 닫고 숨은 건 아닌데, 말 없는 시간이 내 몸을 감싸서 작은 방 안에 가둔다. 소리의 두께가 얇아지고, 공간의 흐름이 멈춘 듯 정적이 감돈다. 말이 사라진 자리엔 생각이 더 또렷하게 자란다. 입 밖으로 그 생각을 소리 내어 말하면 불필요한 동요가 일어날 것 같아 그대로 두기로 한다. 생각은 웅성거리지만 나는 약한 숨만 내쉰다.

창문을 닫자 방 안에는 아주 작은 소리들이 드러난다. 냉장고는 미세한 진동을 일으킨다. 손목시계가 시간의 숨을 토한다. 바람에 스치는 잎사귀가 비밀을 흘리는 듯한 소리를 낸다. 그 틈새에 내 숨소리가 얇게 섞인다. 둘러보면 책상 위 노트, 창틀 위 먼지, 말라버린 공기 속에 어제의 시간이 눌러앉은 듯 방안이 무겁다.

그 무게 속에서 매일 같은 물건과 같은 구조, 같은 풍경이 눈에 들어온다. 익숙해서 편한 게 아니라 달라지지 않는 마음이 나를 더 무기력하게 만든다. 아무 일도 없지만, 아무 일도 일어나지 않아서 더 지치는 날이다. 오늘 하루가 어제와 다르지 않다는 게 마음을 허물어뜨린다.

 허무함을 달래듯, 서랍에서 오래전 써두고 부치지 못한 엽서를 꺼낸다. 여행지에서 적은 한두 문장이 끝내 닿지 못한 말로 남아 있다. 방향을 잃은 듯 멈춘 글에 잠시 마음을 얹는다. 가끔은 이 엽서처럼 머물러 있는 하루도 나쁘지 않다고, 가슴이 말한다.

 그렇게 고요 속에 머물러 있는데 전화벨이 울린다. 화면에 그의 이름이 뜬다. 손을 뻗지 않고 소리가 멎을 때까지 기다린다. 누군가에게 들킬까, 숨소리를 억제한다. 오늘은 굳이 어떤 말을 고르지 않아도 되는 하루였으면 한다. 캡슐을 넣고 커피를 내린다. 뜨거운 물이 컵 안으로 떨어지고, 거품이 일며 향이 퍼진다. 오늘은 굳은 감각이 주인이 된 듯하다. 커피도, 바람도, 햇살도 마음을 흔들지 않는다. 모든 것이 묵묵히 지나간다. 살아 있지만, 살아 있다는 실감이 멀다.

 무언가 해야 한다는 생각조차 들지 않는다. 할 일이 있지만, 오늘 하지 않아도 괜찮다고 속으로 중얼거린다. 오직 필요한 건 그저 조용히 머무는 일이다.

점심은 냉장고 안 반찬으로 간단히 해결한다. 차려 먹기보다는 비워내는 데 가까운 식사다. 씹고 삼키는 동안 시간이 어디쯤 와 있는지 가늠해 본다. 하루 해가 저물 즈음 식탁에 앉은 나는 어제와 크게 다르지 않다.

한숨을 흘리며 일어나 빨래를 넌다. 창문을 열고 축축한 천을 햇볕에 건다. 바람이 옷자락을 스치면서 천 사이로 미모사 섬유 린스 향이 번진다. 널린 옷 사이에서 나도 함께 바싹 마를 수 있으면 좋겠다. 오늘 내 곁에 누군가 있다면, 굳이 언어로 대화하지 않아도 되는 사람이면 좋겠다. 위로하지도, 괜찮냐고 묻지도 않는 사람이면 좋겠다. 그저 말없이 곁에 있어주는, 정적 같은 사람이었으면 한다.

그런 사람 대신 햇살이 구부정한 등 뒤를 스치며 방 안으로 들어온다. 그 자리에 몸을 기대며 앉는다. 괜찮다는 말을 입 밖으로 내지 않아도 마음속에서 몇 번이고 되풀이된다. 창밖 낮은 지붕 위를 고양이 한 마리가 걷는다. 느릿하게 발을 들고 놓는 움직임이 내 하루를 닮아 있다. 빠르지 않지만 분명히 내일을 향해 걷고 있다.

　이 하루는 특별하지 않지만 선명히 존재하는 하루다. 흥미롭지 않지만 멈춰 있지도 않다. 말로 설명하지 않아도 괜찮은 내가, 꾸미지 않아도 되는 마음이 있다. 조용한 시간 속에서 감각은 더디게 흘러도, 분명히 나에게 돌아온다.

삶이
무채색으로 번지면

"언어로 표현하지 못하는 감정도 있다."

요즘 어떠냐고 지인이 묻는다. 나는 잠시 망설이다가 눈을 깜빡인다. 할 말이 없는 건 아닌데, 어디서부터 꺼내야 할지 모를 뿐이다. 결국 그냥 멍하다고 짧게 내뱉는다. 그 말이, 지금의 내게 가장 가까운 표현이다.

내게 멍하다는 건 마음이 아무것도 바라지 않는 상태다. 나아가고 싶지도 않고 되돌아가고 싶지도 않다. 딱히 피곤하지도 않은데, 무언가 하고 싶지도 않다. 욕구와 감정이 동시에 가라앉아 있다. 분명하던 삶의 중심이 어느 균열을 통해 새어나간 듯하다. 나는 흘러가는 시간에 몸을 맡긴다.

그렇게 시간이 흘러가면서 머릿속은 멍하고 가슴속은 텅 빈다. 눈은 뜨고 있으나 바라보지 않는다. 창밖 구름이 흘러가면 그저 눈동자가 버릇처럼 따라간다. 기억도 감정도 점점 더 희미해진다. 누가 내 안의 색을 하나씩 빼내는 것처럼, 서서히 무채색이 되어 간다.

소파에 누워 시간을 흘려보낸다. 책을 펼쳐도 읽히지 않고, 음악을 틀어도 들리지 않는다. 커피는 씁쓸한 기운을 남기며 목구멍을 타고 내려간다. 입안의 감각조차 희미하다. 멍한 시간은 들썩일 감정이 사라져 조용하다. 어느 순간, 나는 내가 소멸하고 있는 게 아닐까 의심한다. 감정은 짙은 물속에서 숨을 참고 있는 사람처럼 깊이 내려앉는다.

사람들은 그런 상태를 피곤으로 이해하지만 나는 그것보다는 감정이 희미해진 상태다. 욕망이 사라진 삶이다. 그 속에서는 말도 필요 없고, 용기도 의미 없다. 친밀한 대화도, 내 안의 설명도 사라진다. 나조차도 나를 깨우지 않는다.

방 안은 조용하다. 바닥에는 떨어진 머리카락이 있다. 머그잔은 아직 식지 않았다. 창밖에서는 흐린 빛이 스며든다. 모든 것이 그대로인데 나만 다른 느낌이다. 일상은 계속 움직이는데, 나만 어디에도 다다르지 않는다. 욕망의 문이 닫히자 삶의 윤곽이 흐려진다.

오래 전의 한 장면이 떠오른다. 캐나다 밴쿠버였다. 나는 건물 5층 강의실 창가에 서 있었다. 유리 너머 바닷가가 보였다. 회색 난간 옆, 한 남자가 바다를 바라보고 있었다. 그는 위태로워 보였다. 바람이 꽤 세게 부는데도 움직이지 않았고, 기둥에 기대지도 않았다. 손은 코트 주머니에 깊숙이 들어가 있었고, 눈은 수평선 어딘가를 향해 있었을 것이다.

그의 뒷모습은 누구를 기다리는 것도, 무엇을 갈망하는

것도 아니었다. 바람은 그의 금빛 머리카락을 흩날렸고, 멀리 부표 하나가 가볍게 흔들렸다. 감정도 시간도 정지한 세계 같았다. 나는 그 장면에서 눈을 떼지 못했다. 풍경 전체가 무중력 공간이었다.

그는 더는 어디에도 기댈 수 없는 상태였던 것 같다. 오염된 공기 속에 오래 방치된 몸처럼 방향 감각을 잃고, 근육마저 움직임을 포기한 사람처럼 보였다. 욕망이 사라진 자리에 남은 것은 감정이 아니라 감정의 잔해였다. 그는 잔해의 형상이었다.

그 장면을 떠올리며 지금의 나를 바라본다. 그의 뒷모습은 아직도 또렷하다. 욕망도 분노도 기쁨도 없이 닫혀 있던 존재였다. 그 모습이 지금의 나와 겹친다. 욕망이 없다는 건 그런 모습일지도 모른다. 바람 이는 바다 앞에 서서, 발끝 하나 움직이지 않던 사람. 그때의 그 사람이 지금의 나인지, 아니면 오래 전부터 내가 그 사람이었는지 알 수 없을 만큼 자연스럽게 겹쳐진다. 감정은 더 이상 언어로 떠오르지 않는다. 모래처럼 스러져 간다.

나는 그 사람처럼 오래 서 있다. 나는 가구다. 움직이지 않는다. 무언가를 갈망하지도 않는다. 그저 이 방 안 어딘가를 향해 눈을 둔다. 욕망이 사라진 자리에 가만히 머물며, 껍데기로 살아 있다.

하루는 끝나간다. 특별한 일도, 특별한 감정도 없이 지나왔다. 때로는 이 무감각이 불안정한 나를 지켜주는 것 같기도 하다. 더 이상 기대하지 않으니 실망도 없고, 아프지 않으니 울 일도 없다. 이런 상태가 이어진다면, 나는 내 안에 미력하게 남아 있는 생기마저 잃을지도 모른다.

무언가를 갈망하지 않는 날들이어도, 나는 여전히 삶을 존귀하게 생각한다. 그럼에도 주저앉은 마음을 일으키지 못한다. 즐거움도 슬픔도 없는 하루다. 아무것도 바라지 않는 마음은 파도 없는 바다처럼 평온하다. 그러나 평온함이 오래되면 숨이 막혀 뜻밖의 방향으로 흘러갈 것만 같다. 그나마 남아 있는 반짝이던 순간들이 옅어질 것 같다는 두려움이 스쳐 지나간다. 나는 살아 있다. 그러나 삶은 나를 흥미롭게 하지 않는다.

그럼에도, 완전히 멈춘 것은 아니다. 다행이라면, 나는 아직 그럭저럭 삶을 유지하고 있다는 사실이다. 욕망과 흥미가 사라진 자리에 머물며, 그 빈틈 속에서 나는 다시 나를 기다리고 있는 중이다.

멈추고 싶은
날의 공기

"감정이 가장 솔직한 이야기를
담고 있다는 걸."

어떤 날엔 일어나자마자 느껴지는 몸의 무게로 오늘을 짐작한다. 하루 종일 움직이지 않겠구나. 바깥은 분명 환하게 밝다. 내 눈꺼풀은 납처럼 무겁고 매트리스는 눌린 자국마다 깊이 가라앉아 있다. 창밖에서 누군가 이름을 부르며 걷는다. 개 짖는 소리와 오토바이의 출발음이 잇따라 들린다. 밤새 현관 쪽 창문을 열어둔 모양이다. 소리들이 집 안으로 들어와 회오리치다 사라진다. 모두 바쁘게 하루를 시작하는데, 나만 정지된 사람인 듯하다. 이 생경한 고립감은 낯설지 않다. 요즘의 나는 줄곧 그렇다.

오늘 뭘 하기로 했던가. 스케줄을 떠올리다 몸이 그대로 멈춘다. 이내 모든 것을 포기한 듯, 일어나 앉다가 다시 눕는다. 오늘도 가질 수 있는 게으름은 다 가져보자고 중얼거린다. 몸도 마음도 외부에 반응하지 않고 단단히 닫힌 듯하다. 움직임을 멈춘 그 순간에야, 내가 얼마나 지쳐 있었는지 어렴풋이 알게 된다.

완전히 지쳐 몸이 굳어버렸던 날이 떠오른다. 그가 입힌 상처 때문이 아니라, 그를 내 의지와 사랑과 믿음으로 지지했던 시간이 얼마나 길었던가 하는 허무 때문이었다. 과거의 진실은 현재가 상처 입을 때 드러난다. 쌓였던 감정과 피로가 폭포수처럼 쏟아졌다. 나는 그 속에서 그저 한 점의 응고된 입자처럼 누워 천장을 올려다봤다. 언제부터 있었는지 모를 얼룩 하나가 보인다. 내 주변에 내가 모르는 흔적이 있었다는 사실이 갑자기 서늘하게 다가왔다. 나는 지금 아무것도 하지 않는다. 다만 자국 하나가 뇌를 자극할 뿐이다.

뉴턴의 제1법칙에 의하면 정지한 물체는 외부 힘을 받지 않는 한 정지 상태를 유지한다. 나는 지금 그 물체와 같다. 움직여야 하는 이유를 찾지 못한다. 아무 문제도 일으키지 않으며 하루를 이어 간다. 외부 자극이 사라진 공간에서 물체는 본래의 형상으로 돌아간다. 어쩌면 이 하루는 내 삶이 원래의 균형으로 복원되는 미세한 과정일지도 모른다.

그런 하루 속에서 나는 흐트러지지 않으려 애쓰지 않는다. 그대로 존재하는 법을 배우는 중이다. 의지와 상관없이, 이제는 나의 속도에 맞추려는 듯하다. 천천히 숨 쉬고, 마음도 천천히 들여다본다. 그 느낌이 내 안을 정돈한다.

나는 언젠가 꿈에서 본 붉은 조각배 위의 여인 같다. 흰 원피스를 입고 누워 있었다. 조각배는 강을 따라 느린 속도로 흘렀다. 흔들림이 거의 느껴지지 않는 장면이었다. 지금의 하루가 그 한 장면처럼 쓸려가는 것 같다.

나는 그 꿈의 그림자를 걷어내듯 커튼을 당긴다. 빛의 무리가 창을 넘어 방 안으로 밀려들어와 책상과 의자를 지나 바닥 위로 흩어진다. 서늘한 공기가 함께 스며든다. 냄새는 없고, 바람은 부드럽다. 감각이 오랜만에 느리게 피어나며, 카뮈의 한 문장에 닿는다.

태양이 머리 위로 쏟아질 때, 세상은 전혀 다르게 느껴진다. 그 문장이 다정한 사람처럼 내 등을 쓸어내린다.

그 공기 속에 조용히 선다. 생각은 아직 말이 되지 못한 채 잠겨 있다. 지금의 멈춤이 내일을 다르게 흐르도록 할 수 있을까. 어떤 확신은 없지만, 나는 그 가능성을 조용히 붙든다.

낯선 틈에서
피어나는 마음

"틈이 열리면,
숨어 있던 마음이 고개를 들고."

늘 걷는 길이다. 오늘도 같은 방향으로 걷는다. 소방서까지 두 개 사거리를 지나 되돌아올 생각이다. 어슴푸레한 산책로에서 그와 함께 걷던 기억이 난다. 지칠 때 그의 손을 잡고 매달리듯 걷던 순간이 포개진다. 작은 체구지만 군살 없는 몸, 꼿꼿한 허리, 긴 생머리를 보며 멋지다고 생각했었다. 그는 한때 내게 가장 친절한 사람이었고, 세상의 더러움으로부터 막아주던 울타리였다.

그와 함께 걷던 그림자는 안개처럼 흩어져 사라지고, 깡마르고 구부정한 할머니가 시츄 두 마리를 앞세우고 지나간다. 열 살은 되어 보이는, 털의 결이 거칠고 제각각인 개들이다. 느릿한 걸음을 걷는 느슨한 오후다. 벚나무 아래 우윳빛 고양이는 여전히 그 자리에 있다. 냉정한 세상에서 어쩜 그렇게 도도하면서도 친밀할 수 있는지 놀랍다. 길고양이들은 숨어 있는 모든 길의 시 같다.

놀이터 미끄럼틀 주변에도 고양이가 많이 모여 있다. 나른히 누운 고양이들 사이에서 새까만 한 마리가 팔짝 뛰어오른다. 날벌레를 잡으려는 몸짓을 한다. 그러나 날벌레는 더 빨라 잡히지 않는다. 놀이의 주인공은 고양이가 아니라

날벌레다. 그 모습을 보며 귀엽다는 생각에 입꼬리가 올라간다. 에어팟에서는 스카를라티의 소나타가 흐른다. 그의 555곡은 대부분 만 67세 이후, 말년에 작곡했다. 그 사실이 떠오르자 엉뚱하게도 아직 뇌의 한편이 열려 있다는 생각에 뭔가 안심이 된다.

주변의 모든 것이 익숙하다고 생각하는 순간, 진녹색 플리츠스커트의 여자가 돌바닥에 일정한 구두굽 소리를 내며 걸어간다. 부서진 돌가루 위로 금이 그어진다. 그 균열로 낯선 감각이 미끄러지듯 스며든다. 나는 걸음을 멈춘다. 스쳐 지나던 풍경이 한꺼번에 밀려든다. 편의점 간판, 바랜 횡단보도, 보도블록 틈의 잡초같이 존재감 없던 것들이 갑자기 또렷해진다.

그 감각을 안고 집으로 향하는 길목에서 작은 공원에 들어가 본다. 가로등 불빛이 나뭇잎을 통과해서 땅 위에 흡사 거미줄 같은 그림자를 만든다. 벤치에 앉으니 미세한 낯섦이 스며든다. 촉감이 살아나고, 냄새가 올라오고, 소리가 되살아난다. 바람이 귓불을 스치고, 냉기가 엉덩이 밑으로 올라온다. 도시의 소음조차 제자리를 찾아 정돈되는 듯하다.

감각의 안테나가 끝까지 솟는다.

맞은편 아파트에 불이 하나둘 켜진다. 어떤 창은 그림자가 어른거리고, 어떤 창은 끝내 어둡다. 매일 보는 풍경인데도 삶이 낯설게 다가온다. 창 사이의 간격이 멀게 느껴진다. 시선을 나무쪽으로 돌렸다.

플라타너스 나무는 해마다 잎을 틔우고 떨어뜨리지만, 오늘은 잎의 떨림이 다른 날보다 선명하다. 바람에 흔들리는 얇은 몸짓이 기묘하다. 망가진 듯 부드럽고, 부서질 듯 유연하다.

길 건너 작은 카페의 유리창 너머 초로의 여인들이 웃고 있다. 카페의 연노랑 벽면은 여전히 촌스럽다. 그 안의 사람들은 오늘 왜, 어떤 마음으로 모여 있는 걸까. 나는 멈춰 서서 한참 바라보다가 조용히 돌아선다.

집으로 향한 삼 층 계단을 오르며 창밖을 본다. 벚꽃이 화려하다. 간절기, 계절이 얼굴을 바꾸는 시기다. 어제와 오늘이 다르다. 내 몸만이 이곳에 오래 익숙하다.

저녁이 다 되었다. 집으로 돌아와도 낯선 감각은 사라지지 않는다. 액자도, 책상도, 익숙한 물건들이 처음 보는 듯하다. 익숙함이 낯설어지는 순간, 살갗에 소름이 돋는다. 이미 내가 나 자신에게 낯설어진 뒤라면, 무엇이 제자리에 있을까.

 깨어나는 감각이 작은 불을 밝힌다. 흔들리지만 꺼지지 않는다. 평범한 하루에 스며든 낯선 감정이 나를 조금 더 일으켜 세운다. 삶은, 익숙한 것을 낯설게 바라볼 때 감춰둔 얼굴을 드러낸다.

몸이 기억하는
하루

"오늘을 붙드는 건 사소한 반복일지도."

지긋지긋하다는 말이 입 밖으로 튀어나온다. 그렇게 내뱉고도 어디서부터 벗어나야 할지, 어디로 향해야 할지 알 수 없다. 벗어나는 게 정답인지도 모르겠고, 그 끝에 허무함이 사라질 것 같지도 않다. 이 감정을 비운 자리에 다시 비슷한 심회가 깃들 일만 반복될지도 모른다.

그 생각 끝에, 물끄러미 그릇장을 바라보다 컵을 꺼낸다. 그는 예쁜 컵만 보면 사들이는 나를 못마땅해했지만 타박하지는 않았다. 그 또한 예쁜 것을 좋아했으니까. 우리가 닮은 점이 분명 더 있었는데, 무엇이었는지는 기억나지 않는다. 우리는 참 잘 맞는다고 말하며 자주 입을 맞췄다. 그 흔적조차 이제는 희미하다. 움직이자. 그냥, 움직이자. 그렇게 시작한 건 컵을 닦는 일이었다.

아일랜드 식탁 위에 컵을 일렬로 세우고, 자리를 바꿔가며 행주질을 한다. 처음엔 하나였는데 어느새 열 개가 다 닦인다. 먼지가 있었던 것도 아닌데, 손끝은 멈추지 않는다. 투명한 표면에 불빛이 반짝이면 그제야 내려놓는다. 손을 씻고 물기를 털어낸다.

그렇게 나는 아무것도 하지 않으려, 무언가를 줄곧 하고 있다. 머릿속은 멈췄는데 손은 기억처럼 움직인다. 시간은 스르르 흘러간다.

텀블러 뚜껑을 열었다 닫고, 다시 열고 또 닫는다. 필요 없는 동작이라는 걸 알면서도 반복한다. 가만히 있으면 더 깊이 가라앉을까 봐 몸을 먼저 움직인다. 휴대폰도 습관처럼 집어 든다. 잠금화면을 풀고, 문자도 전화도 없는 걸 확인한 뒤 다시 닫는다. 기다리는 사람도 없는데, 손은 저절로 움직인다. 반복이 습관이 되고, 습관이 감정을 대신한다.

화면 속 내 얼굴은 축 늘어져 있다. 피로가 남긴 감정인지, 감정이 남긴 피로인지 알 수 없다. 창밖을 본다. 라일락이 흔들린다. 트럭은 후진한다. 햇빛이 벽에 부딪혀 흩어지고, 그 위로 까치 한 마리가 후드득 날아간다. 어디서 와서 어디로 가는지 모른다. 잠깐의 궁금함은 깃털에 실려 흩어진다. 무심이 무의미를 닮고, 잠깐의 쉼이 된다.

방 안을 맴돈다. 책상에 앉았다 일어나고, 부엌에 갔다가 소파에 눕는다. 불을 켰다 끄고, 커튼을 열었다가 다시 닫는다. 내 감각은 조도를 조절하지 못한다. 밝음과 어둠, 그 어중간한 경계에 머문다. 덕분에 공기가 미지근하다. 확실한

게 아무것도 없다.

　시간은 그렇게 흐른다. 아무것도 하지 않았는데 한 시간이 훌쩍 지나간다. 아무도 만나지 않았고, 외출도 하지 않았는데 하루는 잘도 흘러간다. 기억되지 않을 하루지만, 그 속에는 사라질 듯 남아 있는 생각의 잔향과 미약한 다짐이 녹아 있다. 그 사실 하나가 구부정한 나를 붙든다.

　그렇게 붙잡힌 채 나는, 처음 무엇을 하려던 건지 잊고서 뜬장의 동물처럼 맴돈다. 손은 반복하고, 마음은 멀리 있는데 몸은 여전히 움직인다. 사소한 동작들이 감정의 틈을 메운다. 살아 있다는 감각은 손끝의 미련스러운 움직임에서만 선명하다.

　반복은 나를 기계처럼 만든다. 열고, 닫고, 씻고, 털고, 다시 닦는다. 정적이 밀려들지 않게, 내가 새어 나가지 않게 손을 움직인다. 작은 반복이 나를 잊지 않게 해 준다.

　머리는 쉬고, 손은 어제의 리듬을 따른다. 오늘 하루의 형상은 그렇게 조용히 빚어진다. 무너지는 건 한순간이지만, 버티는 건 부단한 반복의 몫인 것 같다. 쓸모없어 보이던 행위들이 사실은 나를 붙드는 힘이었다.

컵은 다시 잘 정렬했다. 불빛은 켜졌다가 금방 꺼졌다. 닫힌 커튼 사이에는 바람이나 남겼을 법한 희미한 기척이 느껴진다. 누군가 보기엔 아무 일도 없던 풍경이지만, 반복되는 행위 속에서 나를 잃지 않으려는 몸의 기억이 오늘을 간신히 통과시킨다. 지그시 눈을 감는다.

오늘을 견디는 당신에게, 포기하지 않을 마음에게

사는 게 재미없냐고 묻는다면, 나도 그랬다.

비 오는 날이 좋았고, 흐린 날이 더 편했다.

세상이 무채색일 때 오히려 내 안은 선명해졌다.

무너지는 마음을 버티지 못해 적막 속에 숨은 날도 있었지만,

타인보다 더 절실히 그리웠던 건 나였다.

가장 멀면서도 친밀한 존재는 결국 나였으니까.

닫힌 공간 속에서도 삶과 나를 이어준 건

가끔은 다정하고 때로는 낯선 작은 감각들이었다.

무기력은 고독과 상실의 얼굴로 오지만,

회복은 결국 나를 찾는 일.

흐르는 감각을 놓지 말자.

그 예민함으로 오늘을 살 수도 있다.

2부

고요 속을 유영하던
작은 움직임

그저 그런 날에도,
흐린 날에도 드러나는 것들이 있다.
감정은 흘러가고 침묵은 소리 없이 흩어져
새로운 틈을 만든다.

내 얼굴에
남은 표정

"무표정한 얼굴에도,
표정이 있다는 걸."

살다 보면 별 탈 없이 흘러가는 날들이 대부분이라는 걸 알면서도, 문득 스모키 화장을 하고 싶고, 미니스커트나 찢어진 데님에 킬힐을 신어보고 싶은 충동이 든다. 평소와는 다른 얼굴로 일탈하고 싶다. 낯선 시선을 마주하더라도, 내 안에 웅크린 또 다른 자아를 흔들어 깨워보고 싶다.

제발 오늘은 아무 일도 없어라. 누군가 했던 그 말이 떠오른다. 그 사람은 내 무기력함을 못마땅해할지도 모르겠다. 하지만 지금의 나는 무탈한 하루조차 즐겁다고는 말할 수 없는 상태다.

눈을 떠 미지근한 차를 마신다. 창문을 열자 청아한 새소리가 스민다. 밤새 잠들지 못한 몸과 마음은 무겁게 가라앉는다. 오래된 기억들과 무용한 감정이 나를 덮는다. 나는 지금 엄마가 오이지 위에 얹어두던 납작한 돌덩이 같다. 무엇을 짓누르는지도 모른다. 감정의 결은 희미하고 생의 이끼는 눅진하게 뭉그러져 있다.

소파에 기대어 멈춘 영상을 다시 튼다. 빔으로 설경이 쏟아진다. 유럽의 산맥을 기차가 빠르게 가로지른다. 연기는 용의 꼬리처럼 길게 늘어지다 곧 사라진다. 풍경의 아찔함에 감탄이 차오르지만 이내 툭 끊어진다. 감정은 따라가지 못하고 영화에 대한 흥미도 멈춘다.

시어커튼에 비친 풍경도 집 안의 소리도 어제와 다르지 않다. 그 사실이 더 선명하게 다가올 때, 세상은 무서울 만큼 조용하다. 부족함도 간절함도, 고마움도 없다. 나는 물기 없는 흙 위에 기울어진 나무 같다. 감정은 남은 채 말라간다.

내가 사랑하던 것들은 늘 사소했지만 반짝였다.

401동 모퉁이에 핀 노란 들꽃, 찌이익 울어대던 파란 꼬리의 작은 새, 벨벳 같은 잎사귀의 목련, 화사하게 피고 지던 겹벚꽃의 속삭임.

그 모든 것이 한때는 나를 위로했다. 그러나 오늘은 그들조차도 의미 없이 계절의 그림자에 머문다.

불행하지 않다. 그렇다고 행복하지도 않다. 하루를 견디는 내 얼굴이 표정을 잃었을 뿐이다. 그 공허속에서 돌아보면, 우리는 서로의 표정을 제대로 들여다본 적이 없었다. 그가 웃으면 내가 웃고, 내가 웃으면 그도 웃는 줄 알았다. 가장 불행한 시기를 상상할 수 없었던 건, 서로 닮아 있던 얼굴 때문이었다. 그래서 지금 나는, 잃어버린 표정이 어떤 건지 알지 못한다.

사진전에서 본 무표정한 얼굴들이 떠오른다. 웃지도 울지도 않는 얼굴들이었다. 국적도 나이도 성별도 달랐지만 모두 애매한 표정으로 멈춰 있었다. 이상한 건, 그 비어 있는 얼굴에도 감정이 분명히 남아 있었다는 점이다. 창백한 낯빛, 불안을 삼킨듯한 눈동자, 생으로부터 한 걸음 비껴선 무심한 표정이었다. 무표정은 오히려 더 많은 이야기를 품고 있었다.

그날 이후 나는 거울 앞에서 무표정을 연습했다. 아무 표정도 짓지 않을 때 가장 정직한 얼굴이 나오는 것 같았다. 지금도 가끔 입을 다문 채 거울을 바라본다. 감정을 눌러내고 서 있는 얼굴은 낯설다. 실오라기 하나 걸치지 않은 얼굴이다. 사람 좋아 보이려 애쓰지 않는 표정이다. 나는 그 얼굴을 자주 보고 싶어진다.

내일은 마음의 표정도 쉬게 두고 싶다. 억지웃음도, 거친 생각도, 그것들을 담은 일그러진 얼굴도 없으면 좋겠다. 귀뚜라미조차 울지 않던 한여름 밤, 칠흑 같은 산속을 뚫고 솟던 들짐승의 외침이 전부였던 정선의 어둠이 떠오른다. 오늘 하루는 그 깊은 밤의 표정을 닮았다.

생각지 못한
여유

"버드나무 줄기처럼 늘어진 끝에,
쉬어 가는 숨이 깃든다."

오늘은 시간이 버드나무 줄기 같다. 햇빛은 오전인지 오후인지 알 수 없을 만큼 일정하게 머물고, 방 안의 공기도 종일 같은 밀도로 있다. 무언가를 하려 마음먹을 때마다 시간은 우롱하듯 느려진다. 어쩌면 내게 여유를 주려는 건지도 모른다.

책상 앞에 앉아 있다가 거실로 나갔는데 무엇을 하려던 건지 기억나지 않는다. 두리번거리다 손끝에 걸린 물잔을 쏟는다. 키친타월을 끌어와 닦다가 멈추고 소파에 다시 주저앉는다. 창밖으로 젖가슴을 늘어뜨린 어미 고양이가 사뿐히 지나간다. 어딘가 도착하지 않아도 괜찮은 걸음이다. 오늘 하루가 그 걸음을 따라 흘러가는 것 같다. 이 동네는 고양이가 많다. 내가 길고양이를 자꾸 찾는 건, 간식을 먹이던 콧등 하얗고 몸이 까만 녀석을 다시 만나고 싶기 때문이다. 녀석은 배가 고플 때만 놀이터에 나타난다. 나만 그리워한다.

라디오를 켠다. 퇴직을 앞둔 한 남자의 편지가 흘러나온다. 평생동안 하던 일을 떠나는 이야기다. 아직 끝나지 않은 하루 속에서 마무리의 이야기를 듣는 건 불편하다. '끝'이라는 단어는 늘 생각을 끄트머리에 멈추게 한다.

이내 아이유가 부른 이문세의 노래가 이어진다. "그 사람 나를 보아도, 나는 그 사람을 몰라요…"라는 구절이 스피커를 타고 나온다. 가사보다 목소리보다 기억이 먼저 반응한다. 요즘 나를 괴롭히는 건 범벅이 된 기억의 파편들이다. 단음절 같은 기억들이 재배치되기 전에 얼른 밖으로 쏟아내고 싶어진다.

길가에 민들레가 잎을 넓게 펼치고, 구부정한 나무 우듬지에는 까치 두 마리가 앉아 있다. 노란 백팩을 멘 아이들이 소리치며 달려간다. 그 움직임이 삶을 선명하게 만든다. 나는 보통의 속도로 보통의 걸음을 걷는다. 오늘은 속도가 아니라 감각의 방향이 중요한 날이다. 스쳐 지나가는 것들의 존재감이 크게 다가온다.

산책로의 벤치에 앉는다. 바닥에는 누군가 두고 간 플라스틱 커피잔이 있다. 치우는 사람도, 돌아보는 사람도 없다. 이 무심함이 오히려 특권처럼 느껴진다. 누구도 나를 인식하지 않는 순간, 숨은 더 깊어진다. 세상과 약간 멀어진 자리에서 나는 조금 더 긴 숨을 쉰다.

오후 내내 무엇에도 집중하지 못했고, 자주 멈춰 섰다. 장

막이 드리워진 듯 숨이 막히기도 했지만, 공동현관 유리문에 비친 내 모습이 오늘은 유난히 또렷하다. 지나는 시간이 달라지면 얼굴도 다르게 보인다. 집에 돌아와 씻고 나니 해가 아직 남아 있다. 시계는 저녁을 가리키지만 시간은 하루의 중간쯤에 머무는 듯하다. 커튼 사이로 흘러든 빛이 방 안을 오렌지빛으로 물들인다. 나는 그 빛을 가만히 마주한다.

이 하루는 감정을 잠시 접어 두고 싶어 한다. 어떤 마음이 올라와도 나중에 생각하자고 덮는다. 잠시 가라앉았다가 언젠가 스스로 형상을 만들어 나오겠지. 오늘은 뒤섞인 감정들이 줄지어 서 있는 날이다.

방 안에 음악을 튼다. 낯선 멜로디가 가라앉은 공기를 가른다. 나는 오늘 하루가 그 소리를 위한 시간이었던 듯 소파에 등을 기대고 음 하나하나에 집중한다. 단조의 클래식이 감정선을 타고 다정하게 들린다. 눈을 감고 일기를 쓰듯 하루를 돌아본다.

오늘도 특별한 일이 없었다. 그저 시간이 길게 늘어진 덕에 내 안의 빈 공간을 둘러볼 수 있었다. 오래 걷고, 멈춰 서 있었고, 한참 바라보았다. 가장 길었던 날은, 가장 조용히 흘러간 날이기도 하다. 힘들면 돌아오라던 아빠의 말이 느닷없이 떠올라 결국 울고 만 날이지만. 오늘은 밤도 느릿하게 흐를 듯 싶다. 숨을 깊게 들이마신다. 해가 저물자 붉게 물들며 길게 늘어진 산의 마루금이 강물과 포옹하던 그 시간 속으로 안기고 싶어진다.

비껴선 시간
속의 나

"삶은 뜻하지 않은 길에서
조용히 손을 내민다."

흐릿한 공기가 아침을 감싼다. 어제의 햇살은 물기에 젖어 가라앉은 듯하다. 눅눅한 날씨에 눌린 몸이 잿빛 공기에 기대 앉는다. 표정은 흐려진다. 눈빛과 손끝까지 조심스러워진다. 나조차 나에게 집중하지 못하는 아침이다.

카디건을 걸치고 나가 길을 걷는다. 발자국 소리는 들리지 않는다. 축 처진 몸 때문이 아니라, 나라는 존재가 물방울처럼 맺혔다가 굴러 떨어지듯 사라지고 있기 때문이다. 사람들 사이를 지나도 누구 하나 나를 돌아보지 않는다. 나 역시 그들에게 관심이 없다. 어깨가 스쳐도 사과는 없다. 나는 점점 더 희미해진다.

투명해진다는 건 시선에서 멀어지는 일이다. 내게로 향하던 관심이 사라지고, 기대가 사그라드는 일이다. 어떤 일에 집중하지 않아도 되는 시간이다. 어떤 역할도 요구받지 않는다. 비로소 나는 나로 머무를 수 있지만, 일인극을 하는 듯한 오늘 같은 날에는 그런 자유조차 공허하다.

혼자 밥을 먹는다. 그리고 혼자 길을 걷는다. 길모퉁이 카페 창가에 앉는다. 창밖은 분주하다. 서둘러 걷는 사람들 틈에서, 나는 숨죽여 도둑고양이처럼 그들을 내다본다. 끝끝

내 목구멍까지 올라온 말을 그들의 발꿈치에 걸어 몰래 떨궈 버린다.

지금 내가 느끼는 감정은 외로움과는 다르다. 고독에 더 가깝다. 외로움이 타인의 부재라면 고독은 나 자신과 마주하는 일이다. 지금 내게 고독은 편안한 반려자 같다. 이렇게 더 깊어지면 끝내 외로워질 수도 있겠지만 지금은 상관없다. 나보다 앞선 시간까지 걱정할 여유가 없기 때문이다.

나는 다시 걷는다. 외길을 오가는 사람들은 나를 공기처럼 지나친다. 어쩌면 그들도, 나도, 서로가 없다는 착각 속에 있는 건 아닐까. 무엇으로든 나를 증명해야 하는, 불편한 관계가 없는 평온한 순간이 이토록 헛헛하다. 내가 있는 세상은 분명 어긋나 있다. 빗나간 팀파니 소리가 오케스트라의 절정을 무너뜨리듯, 허망하다는 걸 나는 안다.

문득, 어린 시절 강가에서 놀던 기억이 스친다. 맑은 물속, 흔들리는 그림자 사이로 스며들던 내가 보인다. 강바닥에 들러붙은 낙엽들과 한 몸처럼 엉겨 있던 작은 존재다. 그때도 나는 투명했다. 세상의 소음이 닿지 않던 시간이었다. 강속에서 나를 꺼내려는 손길을 바라지 않았던 건 불친절한 세상이 무서웠던 탓이었을까, 아니면 지레 겁을 먹고 잔뜩 움츠러든 탓이었을까.

지금의 나는 그때와 정확히 일치하지는 않지만 많이 닮아 있다. 세상과는 가깝지만 내 삶과는 약간 비껴 있는 상태이다. 드러나 있지 않지만 지워진 것도 아니다. 그 사이에서 나는 갈 길을 잃은 채 머문다.

지금 나는 조금씩 나를 알아가며 걷고 있다. 그림자와 함께 걷고, 구름 사이로 흘러나오는 햇빛과 바람을 느낀다. 투명한 몸을 스치는 빗살 같은 태양. 내 마음이 변덕이라 그 온기가 오늘은 반갑지 않다. 게다가 그 온기는 나를 깨우려는 무언의 손길처럼 느껴져 딱하다는 생각이 든다. 어둡고 닫힌 내면에서 서둘러 걸어 나오라고 다그치지 않아 고맙기도 하다. 나는 지금, 나와 더 깊이 마주하며 내 삶을 조율하려 애쓰고 있다.

나를 다시
쓰는 일

"흐린 마음속,
그제야 드러나는 얼굴을 만나고."

눈에 띄지 않던 날들이 어느 날 보면 가장 오래 가슴속에 남는다. 창문을 열고 내쉰 숨, 차가운 커튼 자락, 아침마다 남기는 짧은 필사. 크게 드러나지 않는 순간들이 내 안에 주저 없이 들어와 자리를 잡는다. 하루하루는 감흥 없이 흘러가지만, 그 작고 무심한 날들이 모여 말의 습관을 바꾼다. 표정을 다듬고, 마음의 움직임을 조금씩 달라지게 한다. 비슷하게 닮은 하루가 가만가만 발끝의 방향을 바꾸는 듯하다.

아침잠이 완전히 깨기 전, 같은 시간에 몇 번씩 눈이 떠진다. 새벽 한 시에서 세 시 사이다. 낮에는 그 피로를 풀려고 창문을 열어 바깥공기를 들이마시고, 코튼 노트 위에 펜 끝을 긁으며 문장을 몇 줄 적기도 한다. 반복되는 이 일상이 지겹지 않다. 무너지지 않게 붙드는 건 결국 사소한 반복임을 안다. 삶의 방향을 미세하게 틀어놓는 건 작은 습관들이다.

이른 오후, 모자를 눌러쓰고 재래시장을 걸었다. 집에서 차로 15분쯤 떨어진 곳이다. 꽈배기를 튀기는 기름냄새와 반찬냄새가 다른 잡다한 냄새에 섞여 있었다. 좁은 길에서 사람들과 부딪치지 않으려 이리저리 피하며 과일가게로 향했다. 향긋한 과일향이 기분 좋게 퍼졌다. 주인 할머니가 나를 바라보며 다정히 인사를 건넨다. 나는 기어들어가는 목소리로 답하며 이내 챙이 넓은 모자 속으로 얼굴을 숨겼다. 신선한 토마토와 딸기를 집어 담고, 옆 채소가게에서 오이와 두부를 샀다. 장을 보며 반복되는 동작이 잠깐의 시간을 달리 빚는다.

그는 장보기를 좋아했던가. 그랬던 것 같다. 혼자보다는 둘이 하는 일이 많았으니, 좋아했는지 아닌지를 따져본 적은 없다. 오랫동안 우리 사이에 틈이 없었던 건 함께하는 일상의 습관 덕분이었을 것이다.

집으로 돌아와 찻물을 내리며 창밖을 본다. 나무에서 열매가 툭 떨어지듯 할머니의 인사를 떠올리자 가슴 안쪽이 일렁인다. 반가워해야 할까. 나는 따뜻한 차를 마시며 마음이 움직이는 순간이 멈추지 않기를 바란다. 향기와 온기가 묻어나는 공기 사이로 아주 느린 희망이 오가는 것을 느낀다. 희망은 나를 움직이는 한 가닥의 실이다.

잠시 쉬었다가 그림을 그릴 패드를 색이 바랜 프라다 쇼퍼백에 담고 동네 카페로 향했다. 창가 자리에 가방을 두고 곧장 카운터로 갔다. 오늘은 바리스타의 무뚝뚝한 표정이 시큰둥하게 다가왔다.

"디카페인 아이스 바닐라라테, 얼음 많이, 덜 달게 맞으시죠?"

넘치지 않는 친절은 여전했다. 커피잔이 놓인 트레이를 받아 들었다. 창밖의 풍경을 바라본다. 사람들의 걸음을 눈으로 쫓고 햇빛의 움직임을 본다. 익숙한 장면들이 소소하게 쌓여간다.

집으로 돌아오는 길, 스쳐 지나가는 사람들의 얼굴을 흘깃거린다. 각기 다른 삶을 사는 이들. 같은 세상에 있으면서도 서로 다른 이야기를 가진 얼굴들이다. 짧은 마주침이 전부인 사람들이지만, 그들과의 교차 속에서 도시의 냉정함이 다행처럼 느껴진다.

나무 사이를 비집고 들어오는 부드러운 저녁 햇빛이 보도블록 위로 내려온다. 운동장에서 축구공을 차는 아이들의 웃음소리가 바람에 실려왔다. 자신의 키만 한 골든레트리버를 산책시키는 아주머니, 검고 탄탄한 허벅지의 근육이 불끈대도록 운동하는 남자가 있다. 그의 티셔츠에는 'NO PAIN, NO GAIN'이라는 문구가 적혀 있었다. 그 문구를 읽자 마룻바닥에 있는 못을 밟은 듯 가슴이 아려서 얼른 눈을 돌렸다. 다시 내 속도로 걸으며 주변의 삶을 가만히 훑었다. 느릿하게 어우러지는 평온한 풍경이 내 안의 어둠을 회색빛으로 물들였다.

나는 사소한 말에도 쉽게 상처받고, 작은 일에도 쉽게 감동한다. 그런 나 자신이 버겁기도 하지만, 그 감정들 덕분에 지금도 조금씩 더 깊어지고 단단해진다. 위로의 말보다 매일 반복하는 내 행동이 감정의 상태를 더 정확히 드러낸다. 혼자 책을 읽거나 글을 쓰면 길을 잃은 혼돈이 또렷해진다. 문장 하나하나에 내가 담겨 있다. 그 글자들 사이로 내 안의 변화들이 모습을 드러낸다. 글을 통해 나를 차분히 이해하고 받아들이는 중이다.

하루를 돌아본다. 어떤 감정이 스쳐 갔는지, 어떤 기억이 남았는지. 나는 매일 스스로를 정돈하고 조금씩 선명해지려 한다. 소소한 일상과 감정이 나를 보듬고 차곡차곡 쌓인다. 쌓인다는 건 보이지 않는 방식으로 나를 다시 쓰는 일이다. 오래전에 묻어둔 반갑지 않은 감정이 불쑥 떠오르기도 하고, 잊은 줄 알았던 따뜻한 기억이 되살아나기도 한다. 두려

움에 바위처럼 굳었던 순간이 몸을 움찔거리게 한다. 모르는 사이 내 안에 자리 잡은 마음들이 있다. 내 삶의 결들이 보여주는 얼굴은 생각보다 다채롭다. 그 속에는 생활의 작은 흔적들이 수놓은 아름다움도 있다. 그 흔적들이 오늘도 나를 품고 조용히 기다린다.

견딘 감정이
남긴 흔적

"마음의 흉터가 다시 걷게 하는 힘이 된다."

그는 미안하지 않다고 당당하고 단호하게 말했다. 그의 표정은 그 말과 닮아 있었고 내 눈에서 시선을 피하지 않았다. 빅뱅처럼 폭발한 마지막 다툼 이후, 허탈하고 권태로운 일상을 재미있게 살고 싶었다고 했다. 그의 말은 아침나절 깍깍 울어대던 까치떼처럼 소란스러웠다. 거짓이 느껴지지 않는다는 사실이 더 허탈했고 더 화가 났다. 나는 오른손 바닥에 온 신경을 집중해 그의 왼쪽 뺨을 있는 힘껏 때렸다. 그것은 실수가 아니었고, 의도된, 계획된 폭력이었다. 나가!

부르르 떨며 눈을 뜨니 살갗이 흠뻑 젖어 있고 홑이불이 끈적한 몸을 감고 있다. 눈가를 적신 눈물이 귀 뒤까지 흘러서 머리카락에 들러붙어 있다. 통제할 수 없는 감정이 목선과 어깨를 타고 흐느끼며 물안개처럼 피어올랐다가 흩어진다. 잠시 누워 마음이 진정되길 기다린다. 감정은 사라져도 끝내 떠나지 않는다. 의식의 틈, 벌어진 마음의 빈틈을 찾아 반드시 흔적을 남긴다. 그래서 몇 번이고 같은 꿈으로 돌아오기도 한다. 울컥했던 순간은 낮은 숨결처럼 가슴 어귀에 맴돌고, 불안을 삼키며 쥐었던 주먹은 풀린 뒤에도 붉은 기억으로 남는다.

차를 한 잔 마시고 나니 마음을 짓누르던 억한 심정이 조금은 옅어진다. 슬픔이 빠져나간 자리에 그리움이 배어든다. 삼켜져 정체를 잃은 감정은 흔적을 남기고, 소멸한 숨결처럼 흐려진다. 남겨진 흔적을 반듯하게 펴듯이 밀어 넣어 본다. 들춰내지 않지만 없는 척하지도 않는다. 떠나보내야 하는 울분과 나는 여전히 보이지 않는 탯줄로 연결되어 있다. 예고 없이 밀려든 억울함, 슬픔, 이름 붙일 수 없는 서운함이 있다. 감정에 휩싸이면 세상은 기울어 보이고, 손발이 묶인 듯 답답해 몸을 뒤틀게 된다. 말은 입안에서 끓다가 식는다. 몸은 신기할 만큼 작게 접히고, 넓은 공간에서도 내 세상은 고작 60센티미터 남짓한 섬이다. 그 안에서 풀어야 할 문제는 사나운 감정이 지나간 뒤 남겨진 마음의 자리를 어떻게 바라보느냐다.

 큰 소리로 울고 난 뒤, 방 안엔 정적이 감돈다. 젖은 티슈가 책상 위에 수북이 쌓여 있고, 눈물은 말랐지만 가슴속이 시원한 듯 허전하다. 창밖 바람 소리는 냉정하다. 그러나 감정이 지나가고 나면 마음은 오히려 맑아지기도 한다. 한바탕 비가 내린 뒤 뒷마당 흙냄새가 짙어지는 것과 닮았다. 응

어리가 풀린 자리에 침묵이 찾아온다. 그 침묵 속에서 나는 다시 나를 들여다본다. 감정의 소용돌이는 아픔만 남기지 않는다. 그것을 견딘 나의 일부를 다시 조각한다. 완전히 무너지지 않고 남아 있다는 건 스스로를 지켜냈다는 뜻이다.

화가 났던 일, 억울했던 순간, 실체 없는 것들을 그리워하던 밤이 있었다. 그 감정이 세상의 전부처럼 느껴지던 때도 있었다. 내가 있는 곳은 여전히 황폐한 들녘이지만, 시간이 지나자 그 안에 숨어 있던 또 다른 마음이 보인다. 이해받고 싶었던 마음이나 더 좁히고 싶었던 친밀감의 거리 그리고 혼자서도 강해지고 싶었던 바람과 같은 마음이었다.

사람들은 지나간 감정을 잊으라고 한다. 시간이 지나면 괜찮아질 거라고도 하지만, 내게 감정은 잊히는 것이 아니라 새로운 이름으로 살아나는 일이면 좋겠다. 고통은 언젠가 공감으로 변하고, 외로움은 또 다른 외로운 이를 다정하게 바라보는 시선으로 이어지지 않을까. 감정이 생김새를 바꾸어 더는 격앙되지 않고 좀 더 차분히 다정해질 때가 오지 않을까.

자비 없이 나를 조여오던 감정이 이제야 겨우 나를 풀어

주려 한다. 힘겨운 시간이 나를 조금씩 바꾸고, 그 변화는 나를 지탱하는 기둥이 된다. 오늘은, 그것으로 충분하다. 조금 더 가면, 나는 다시 새겨진 감정의 언어로 시를 쓰고 싶어질지도 모르겠다.

사는 게
재미없나요?

"작은 숨결 하나도 소중한 순간이야."

아침부터 하늘이 잿빛이다. 햇살이 쨍한 날은 아니다. 흐린 날에는 사물이 흐물거려도 오히려 더 선명하다. 기분도 회색 구름을 닮아 흐려지면 자꾸 분명한 것들을 붙들고 싶어진다. 주변이 또렷해지는 건 화려한 색감이나 강렬한 빛에 시선을 빼앗기지 않기 때문일지도 모른다. 뿌연 빛이 가림막처럼 드리워진 세상이 잘 보이지 않아, 오히려 더 집중하게 되는 것도 같다.

그런 시선 때문일까. 집을 나서자마자 떨어진 낙엽이 눈에 들어온다. 둥근 원통 같은 몸을 끌고 가는 개미들이 나무에서 떨어져 있는 설익은 열매를 실어 나르느라 사방으로 분주하다. 개미를 밟지 않으려면 발견한 개미의 뒤꽁무니를 따라 조심스럽게 발을 옮겨야 한다. 물기를 머금어 눌린 낙엽은 무겁고 생생하다. 반쯤 말라버린 잎의 결이 뚜렷해 눈길을 끈다. 어린아이의 작은 발자국도 빗물에 또렷이 찍혀 있다. 마음이 흐린 날엔 무심코 지나치던 것들이 문득 의미 있게 다가온다. 건물 외벽의 거친 질감, 창틀에 쌓인 먼지, 배전함 위 벗겨진 페인트 자국. 평소엔 눈길 한 번 주지 않던 것들이 새로운 글감처럼 느껴지고, 내게 말을 걸어오는 듯하다. 소곤거리는 그들의 말은 오래된 이야기처럼 들린다.

횡단보도 앞에서 신호를 기다린다. 자동차 와이퍼가 느릿하게 유리를 쓸고 지나간다. 그 움직임은 새로 오픈한 정육식당 앞에서 바람에 흔들리던 크고 우스꽝스러운 사람 모양 풍선을 닮았다. 사람들의 걸음은 젖은 아스팔트 위에서 조심스럽고 느리다. 우산 끝에서 빗방울이 떨어진다. 운동화 끈은 젖어 있다. 학생 한 명이 잠시 멈춰 가방을 고쳐 멘다. 모든 것이 슬로 모션처럼 한눈에 들어온다. 오늘을 서두르지 않고, 무너지지 않고 살아가려는 바람이 세상을 느리게 내 안으로 끌어온다.

길가에 핀 작은 들꽃들이 촉촉한 물기를 머금고 있다. 흐린 하늘 아래 꽃빛은 더 짙고 선명하다. 지나치게 밝지도 화려하지도 않으면서, 그 자리에 피어 있는 모습이 고맙다. 흙냄새와 풀내음도 차가운 바람에 섞여 분명히 스쳐 간다. 평소보다 또렷해진 이 작은 감각들이 오늘 하루를 조용히 다독인다.

그 감각을 안고 골목길을 걷는다. 젖은 자전거 바퀴 자국이 있다. 빗물이 자취를 남기며 벽을 타고 흐른다. 물에 젖은 쓰레기 더미가 눈에 들어온다. 흐린 날에는 마음이 저릿해져 작은 디테일 하나하나가 타투처럼 새겨진다. 지나치기 쉬운 것들이 오늘은 낯익은 친구처럼 다가온다. 삶이 무미건조하게 느껴질 때, 이렇게 평범한 풍경들이 작은 숨구멍이 된다. 소소한 장면들은 퍼즐처럼 흩어져 있다. 조각을 맞추어 완성하면 내 세상도 조금은 흥미로워지고, 채워진 느낌이 들까.

유리창에 비친 내 얼굴이 오늘은 더 현실적이다. 피부에 두께감이 다른 주름이 지고 눈가에는 피로가 역력하다. 입술끝은 내려앉아 있다. 밝고 화사한 날의 나보다 훨씬 진솔한 얼굴. 예쁘지도, 행복해 보이지도 않는 표정. 매일 나를 속이며 살아온 내가 안쓰러워진 탓일까. 그 얼굴을 들여다보며 오히려 안심이 된다.

그래서일까. 삶이 늘 즐거운 건 아니라는 생각이 든다. 요즘 같으면 원래 재미없는 게 인생인가 싶기도 하다. 지루하고 흐릿하며, 우울하기도 하다. 흐린 날일수록 일상의 작은 것들을 더 붙들고 싶다. 흐릴수록 풍경은 더 진솔해지고, 반복되는 일상과 상처 입은 내면도 거짓 없이 드러난다. 크고 작은 일들을 판단하는 마음도 선명해진다.

  그래서 나는 오늘 어느 때 보다 느긋하게 걷는다. 특별히 기쁘지도 슬프지도 않은 날을 살고 있음을 외면하지 않는다. 평소라면 스쳐 지나칠 장면 속에 좀 더 머문다. 흐린 날이기에 삶의 불규칙한 풍경도 그 속의 나도 더 가깝게 다가온다. 여전히 내 영혼 속은 혼돈이지만, 생의 품 안에 있음을 느낀다. 그 느낌 속에서 거실 창가에 앉아 에밀리 디킨슨의 「*Summer Shower*」를 읽는다.

  "The Dust replaced, in hoisted Roads –

  The Birds jocoser sung –

  The Sunshine threw his Hat away –

  The Bushes – spangles hung –"

  먼지가 걷힌 길 위에는 –

  새들이 익살스럽게 노래하고 –

  햇살은 모자를 벗어던지고 –

  덤불에는 반짝임이 매달린다 –

  지금 내 삶에는 없지만, 세상에는 분명히 있는 것들이 시구 속에서 반짝인다. 찾아야 한다고, 찾을 수 있다고 손짓

한다. 오늘 내 곁에 머문 부드러운 빛에 반사된 삶의 잔향이 나를 놓지 않는다.

아무것도
하지 않는 용기

"멈춤이 삶을 살리기도 한다는 것을."

아무것도 하지 않는 하루는 의외로 많은 용기가 필요하다. 세상은 끊임없이 움직이라 밀어붙이고, 빈틈없이 채우라고 다그친다. 멈춰 있으면 도태되는 것 같고, 멈칫하는 순간 뒤처질 것 같은 불안이 몸을 흔든다. 그러니 아무것도 하지 않는다는 건, 그 모든 불안을 뚫고 스스로에게 손을 내미는 용감한 행위다.

한껏 게을러지려면 주변의 온갖 소음에 귀를 막아야 한다. 하루 종일 침대에 눕고, 소파 위에 쏟아진 과자 부스러기쯤은 아무렇지 않게 넘겨야 한다. 눈곱 낀 푸석한 얼굴로 집 앞 편의점에 가는 일도 예사여야 한다. 땀냄새 밴 티셔츠를 며칠이고 입고, 감지 않아 기름지고 헝클어진 머리도 그냥 두어야 한다. 결국 지쳐 주저앉은 나를 원망하지 않아야 한다.

그렇게 흘러 오늘도 아침이 되었다. 나는 침대 머리맡에 기대어 앉는다. 창문은 반쯤 열려 있고, 덜 깨어난 공기가 방 안을 훑는다. 빛에는 그림자가 살아나 춤을 출 듯한 유연함이 있다. 나는 움직이지 않고 그 빛의 이동을 바라본다. 내 쪽으로 점점 다가오는 느낌이 나를 깨울 것 같아 불안하다. 갑자기 다가온 타인의 낯선 친밀함과 닮았다. 빛은 이제 방 안의 가구를 더듬는다. 탁자 위 빈 잔에 햇살이 부딪히며 또 다른 그림자가 생긴다. 시간이 흐르며 각도도 달라진다. 나는 가만히 세상이 바뀌는 모양을 본다.

몸이 게으름을 피우자 마음속 작은 소리들이 고개를 든다. 언젠가는 내가 원하는 게 무엇인지 알게 될까. 여전히 하릴없는 감정과 무너짐이 있다. 또 다른 내가 다시 일어서려 할 때마다 그들과 충돌한다. 그 충돌이 멈추는 날이 올까.

층간소음이 가끔 거슬리게 울리고, 시계 초침이 조용히 시간을 긁는다. 오늘은 커피를 내리지 않는다. 음악도 틀지 않는다. 핸드폰도 만지지 않는다. 대신 햇빛에 비친 사물을 훔치듯 바라본다. 가구 아래 숨어 있던 먼지가 흘깃거린다. 먼지는 부유하다가 코와 입으로 들어와 기침을 부른다. 눈물까지 번진다. 마치 내가 허공에 떠서 사람들과 세상 사이에 간극을 만들고, 끝내 염증이 된 것처럼. 시간은 멈춘 듯하지만 시곗바늘은 한 칸씩 앞으로 간다. 오후가 되자 더 진하고 길어진 그림자가 생기지만, 나는 그 변화를 따라가지 않고 눈길만 준다.

그러는 사이, 무언가 해야 한다는 강박이 어깨를 누른다. 나는 몸을 뒤집어 가만히 숨을 고른다. 지금은 의도적으로 아무것도 하지 않는 시간이다. 멈춘 순간에도 나의 숨, 체온은 여전하다. 그것만으로도 불편해지고 가슴이 눌릴 때가 있다. 나는 지금도 버겁다.

하루가 저물어 가는 냄새가 공기를 타고 들어온다. 나는 몸을 굴려 자리에서 일어나 창가로 간다. 요즘은 갑자기 일어나면 현기증이 심해 자칫하면 침대 아래로 구를 것 같다. 해가 넘어가는 빛이 방 안을 연한 주황빛으로 물들인다. 손바닥을 펼쳐 조심스럽게 햇살을 받아본다. 온기가 느껴진다. 아무것도 하지 않고 가만히 있는 동안 얼마나 많은 변화가 내 삶의 곁을 지나갔을까. 그래도 내 몸은 하루를 통과했다. 다행이다.

그 마음을 안고, 밤이 찾아온다. 불을 켜지 않고 어둠을 맞이한다. 창밖 가로등 불빛이 가끔 깜빡인다. 방 안은 어둡지만, 그 어둠 속에서 나는 오히려 밝고 진정된 상태다. 움직이지 않아도 살아 있는 시간. 멈춰 있어도 충만하게 다가오는 시간. 이 또한 살아 있다는 증거가 된다.

멈춘 듯 흐르는
시간

"삶은 여전히 순환하고 움직인다."

모든 것이 정지된 듯하다. 나는 주머니에서 꾸깃한 종잇조각을 꺼내 아무렇게나 글을 적기 시작한다. 흘러가던 것들, 공기를 가르며 지나던 아주 작은 움직임에 대해 가만히 생각한다.

구름은 정지한 듯 살풍경한 하늘 어딘가에 걸려 있고, 바람 없는 거리의 나무들은 흔들림 없이 잠잠하다. 그 안에서 생명들은 저마다의 속도로 순응한다. 줄을 팽팽히 당겨놓은 거미는 숨죽여 진동을 기다리고 있다. 해가 오르기 전부터 바깥으로 나와 먹이를 찾고 알을 돌보고 흙을 옮기는 개미는 하루 종일 분주하다. 도시의 분주함을 비웃듯 깃을 고르던 비둘기는 이제 졸고 있다. 실내 공기는 아주 미세하게 방 안을 순환한다. 내 안에서는 셀 수 없이 많은 변화가 일어났다 사라지고 다시 변모한다.

그런 변화를 견디다 못해, 이대로는 안 되겠다 생각하던 그날, 나는 펜을 탁 내려놓고 벌떡 일어났다. 거실 벽에 걸린 그림들은 서둘러 입을 다물고, 엑스재팬의 곡 〈엔드리스 러브〉는 스피커에서 애절하게 울렸다. 무너질 듯한 심장을 부여잡고, 터지려는 비명을 조용히 눌렀다. 왜 이렇게 억울

하고 분하고, 사는 게 의미 없는지 모르겠다는 생각에 사로잡혔다. 내 생에 없었던 건 결국 나 자신이었다는 깨달음 이후, 나는 그동안 가졌다고 믿었던 것들을 다 가치 없는 것처럼 내동댕이치고 있었다. 곁에서 아이패드를 켜던 그는 어리둥절했고, 나는 벼랑 끝에 선 사람처럼 우리의 삶에 저항해 들고일어났다. 머릿속은 쉼 없이 회전했지만, 몸은 바위 덩이처럼 꿈쩍도 하지 않았다. 도망치고 싶었다. 더 정확히는, 탈출하고 싶었다.

내가 멈춰 있어도 지구는 초속 465미터로 돌고, 나는 시속 1,600킬로미터로 움직인다. 숨을 한 번 고르는 사이에도 내 몸속에서는 수천만 개의 세포가 태어나고 죽는다. 고요는 착각일 뿐이다. 존재하는 모든 것은 쉼 없이 흐른다.

그래서 나는 멈출 수 없는 존재다. 우주의 암흑 속에서도 별빛은 흐른다. 아무 소리도 들리지 않는 진공 속에서도, 보이지 않는 입자들은 계속 움직인다. 암흑은 정지의 상징이 아니다. 그것은 가장 조용한 흐름이 머무는 공간이다. 겉으로는 아무 변화가 없어 보여도, 빛은 수억 년의 거리를 건너 지금 이 순간에도 도착하고 있다. 그 빛의 생명은 아직 살아 있을까. 아니면 오래전에 사멸했을까. 나는 이 신비한 세상 속에서 혼자 허물어지고 있었다.

부서진 유리병 조각처럼 흩어져 다른 조각들을 그리워하며 산다. 안정감을 잃고 떨어져 나온 영혼은 해가 지는 쪽으로 자꾸만 기어들고 싶어진다. 그래도 별빛의 이동도 세포의 순환도 내 일상에 방해가 되지 않는다. 너무 멀고, 조용하다.

숨을 길게 들이마시고 내쉰다. 약한 호흡에도 작은 소용돌이가 생긴다. 오래된 도자기 손잡이의 금을 문지르면, 그 위에 쌓인 세월이 손끝으로 전해지듯이 보이지 않던 변화들이 조용히, 그러나 꾸준히 내 곁을 지나가고 있었음을 그제야 느낀다. 이 조용한 자각. 순간순간의 감각을 느낀다.

그 감각에 예민해진 마음으로, 다시 고개를 들어 창밖을 본다. 구름은 여전히 멈춰 있는 듯 보이지만, 하늘빛은 전보다 조금 더 짙어져 있다. 해는 보이지 않아도 분명히 기울고, 나뭇잎 끝 물방울은 미세한 떨림 끝에 서서히 떨어진다. 이 조용한 움직임 속 서로 다른 리듬이 내가 여전히 살아 있음을 아주 작게, 그러나 끈질기게 알려준다.

내 안을 다시 들여다보면, 마음도 그렇다. 아무 일 없는 듯 보여도 그 안에서는 조용히 방향이 바뀐다. 때로는 아주 미세하게, 때로는 내가 모르는 사이에 변화가 인다. 그렇게 마음도 나도 스미듯 걸음을 떼어 앞으로 움직이고 있다.

그러니 가끔은 석고덩이처럼 굳어 깨질듯해도 나 자신을 믿어보는 게 좋지 않을까. 나는 자전의 속도와 별빛의 여운, 세포들의 분열 속에서조차 단 한 순간도 멈추지 않는다. 멈칫하는 감정이 아니라, 쉼 없이 움직이는 우주에 기대어 잠시 흘러가도 좋을지도 모른다. 그렇게 작은 걸음을 하나씩 떼어, 세상과 다시, 온전히 다른 모습으로 만나게 될지도 모른다.

정적이 드러내는
진실

"고요는 깊을수록 빛을 낸다."

나는 한 번도 그가 오토바이를 타고 따라가는 길을 함께 달려본 적이 없다. 우리가 서로의 단어와 살갗으로부터 점점 더 멀어지던 때에 그는 자주 오토바이를 끌고 나갔다. 아마도 바이크 도로를 찾아 도시의 외곽을 돌았을 것이다. 땀에 절은 몸을 식히려 잠시 쉬어가도, 그는 입고 있던 답답한 가죽 재킷 지퍼를 귀찮고 번거로워서 한 번도 내리지 않았을 사람이다. 상상만 해도 숨이 조여 오는 바이크 원피스. 그러나 그 속에서 그는 자유로워지고 있었다.

나는 그가 달렸을 법한 외곽 도로를 따라 동쪽으로 흘러 차를 멈추고 작은 버스 정류장에 앉아 있다. 꺼진 가로등 아래 낡은 의자 하나가 저녁공기에 젖어 검은 얼룩처럼 덩그러니 놓여 있다. 멀리 공중에 떠 있는 듯 보이는 고속도로에서 트럭 한 대가 지나가지만 먼지와 기름 냄새는 내가 있는 곳까지 다다르지 못한다.

어둑해지니 차가운 공기가 뺨을 날카롭게 파고든다. 자동차 덮개 위로 겹쳐지는 얼룩은 점점 진해진다. 벤치 옆에 떨어진 낙엽은 눌린 듯 축축한데도, 바람이 휘리릭 스치면 뒷면의 어두운 색을 드러내며 뒤집힌다. 오래되어 무너진 담장 틈에서는 풀잎이 희미하게 떨린다. 멀리서 들려오는 오토바이 소리 한 줄기도 차분한 정적을 깨뜨리지는 못한다. 정류장 풍경은 사라질 듯 흐려지다가도, 문득 그림처럼 선명해진다.

도시에서는 언제나 무엇인가가 소리를 내며 빈틈을 채운다. 사람들의 말소리는 쏟아지는 빗줄기가 되어 벽의 모서리를 두드리고, 핸드폰 진동음은 겨울 아침처럼 서늘하다. 이곳에서는 아무도 말하지 않고, 기계음도 없다. 오직 바람, 먼 고속도로, 흐려지는 공기 속에 이따금 웅크린 새 한 마리의 소리만이 내가 있는 공간을 슬그머니 지나간다.

조용함은 어떤 말보다 예리할 때가 있다. 설명도, 질문도 없이 한 순간을 통째로 내 앞에 내려놓는다. 소리가 비워진 틈 사이로 마음은 부드러운 사막의 모래알처럼 파고든다. 등에 기대앉은 의자는 삐그덕거리다가도 내 등뼈의 온기를 아주 미세하게 받아들인다. 성긴 구름은 하늘을 둥글게 긋고, 나는 뿌연 유리 바닥을 거니는 듯 움직인다. 시선은 머무는 곳 없이 유영하고, 마음은 보이지 않는 경계 너머의 시간을 더듬는다.

바닷의 작은 자갈을 발끝으로 굴린다. 순간 마찰음이 온몸을 타고 올라와 귓가에 닿는다. 감각에 집중하는 그 틈으로 나는 분명히 여기 있다는 확신을 얻는다. 내가 원했던 삶의 감각은 이처럼 피부와 소리와 침묵이 한데 뒤섞여도 불편하지 않는 것이었다. 무료하지만 다정한 평안을 원했다. 때로는 심장을 두드릴 만큼 날카로운, 살아 있음이 느껴지는 강한 삶의 감각을 바랐다.

전에 그와 나는 거의 모든 것을 함께했다. 시끌시끌한 쇼핑, 여행길의 기묘한 햇빛 냄새, 산책길에 묻어오던 낙엽의 풀향기, 삼시 세끼에 배어 나오던 식탁 위 김의 따스함을 같이 나누었다. 우리는 친구이자 제법 다정한 남녀였다. 어느 날부터 우리의 관계를 지키겠다며 시시때때로 터뜨리던 언쟁이 생각의 틈마다 검푸른 멍을 남겼다. 그는 나 때문에, 나는 그 때문에, 결국은 우리 자신 때문에 함께하는 삶을 잃어가고 있었다. 그를 밀어내던 나도, 밀려나던 그도 결국 상처 입은 채 남았다. 나는 자꾸만 사라지는 나를 붙잡기에 급급했다. 어떤 말보다, 조용히 곁에서 나누는 체온이나 숨소리의 진동이 더 큰 위로가 된다는 걸 잊고 있었다.

한참을 앉아 있으니 등 뒤에서는 나뭇가지 끄트머리가 서로 스치고, 전봇대에 닿은 쇠줄 하나가 낡은 바이올린처럼 가느다랗게 흔들렸다. 풀숲을 스치는 작은 짐승의 발자국 소리, 허공을 가르는 빗줄기처럼 스쳐 지나가는 바람의 결이 느껴졌다. 사라지는 것과 오는 것, 여러 소리가 모여 마음속에 잔잔한 음악을 만들었다.

정류장에 앉아 있는 나 때문일까. 마을버스 한 대가 앞에 멈춘다. 내리는 사람도 없다. 그저 잠깐 머물다 아무 미련 없이 훌쩍 떠난다. 누군가를 기다리지 않아도, 어디에 닿지 않아도, 이 자리에 머무는 지금 그대로도 세상은 지나간다. 사실 내가 채우려 애썼던 건 비어 있는 공간이 아니라, 비어 있음을 견디지 못하던 내 마음이었다는 생각이 그 뒤를 슬그머니 따라간다.

도시의 불빛은 멀고, 별빛은 흐릿하다. 희미한 빛이 이슬처럼 부서진다. 나는 잠시 방향을 잃는다. 그때 숨죽인 공기가 내 옆에 스며든다. 설명이 없어도 절실하게 전해지는 기운, 말보다 느리지만 온 감각에 각인되는 침묵 속에 진심이 있다. 가만히 앉은 채 마음을 정리하다 보면 조용함은 잔잔하게 나를 감싼다. 무색의 물속에 있는 듯 모든 감정이 묵직하고 부드럽게 가라앉는 느낌이다.

가라앉아 있는 집 안의 공기가 서늘해 뛰쳐나왔다. 그러나 벗어난 곳에서 다시 얻은 것 역시 깊은 정적이었다. 그 정적은 더 깊게, 조금 더 고요해져도 좋을 것 같았다.

오늘을 견디는 당신에게,
포기하지 않을 마음에게

마음이 깊은 밤의 표정을 닮아가도

숨을 고르며 살아가고 싶어지는 게 삶이다.

닫힌 내면에서 나를 끌어내다 보면

뜻밖의 길에 숨어 있는 또 다른 나를 발견한다.

무너진 이유가 무엇이든 결국은 지나간다.

지나가고 나면 버팀목이 하나 더 세워진다.

모든 걸 다 짊어지지 않아도 된다.

무기력한 나를 다그치지 말자.

걷고 싶으면 걷고, 멈추고 싶으면 멈추자.

정지한 듯 보여도 다행히 모든 순간은 움직이고,

천천히 희망도 움튼다.

3부

일 년의 시간,
흩어졌다가 다시 모인 마음

부서진 조각이 빛으로 반짝이는 날이 있다.
시간의 바람이 불어오면,
그 안에서 무엇이든 빛어내고 싶은
마음이 일어난다.

천천히
흘러가는 날들

"느리게 흐르는 게 나여도, 하루여도,
그 속에 있다는 것만으로 충분하지 않을까?"

그럴수록 움직여야 한다. 그럴수록.

몸이 무겁다. 밥을 미지근한 물에 말아 한술 뜨고, 두툼한 양말에 러닝화를 신는다. 현관 앞에 섰지만 내내 서성인다. 절벽 끝에 몸을 내미는 공포를 느끼듯, 오늘따라 그 한 걸음이 멀다.

뒤로 물러서려는 순간 전화벨이 울린다. 이진이다. 뭐 하냐는 짧은 인사를 한다. 얼떨결에 산책 나가는 중이라고 대답한다. 몸이 현관 쪽으로 움직여 손잡이를 잡고 문을 열자, 삼십 분쯤은 걸을 수 있겠다는 생각이 든다. 이진은 지금 제주에 산다. 우리는 마음이 어수선할 때 통화를 많이 하는 것 같다. 무슨 일이 있냐고 묻지 않고, 근황도 필요 없는 이야기로 웃다 보면 묻어 두었던 말들이 부슬비 내리듯 흘러온다.

통화를 마친 뒤에도 마음은 여전히 불편하다. '그럴수록'이라는 상태가 정확히 무엇인지 나도 모른다. 움직이기 싫고, 밥 먹는 일은 더 싫다. 누구를 만나는 일도 내키지 않는다. 머릿속을 자꾸 채우는 생각은 더 멀리 두고 싶다. 물 위에 띄운 튜브에 누워 태양을 맞으며 흔들리고 싶다. 그러다가 운이 좋으면 나무 그늘 아래로 스며들어 저녁까지 시간을 보내면 좋겠다고만 생각한다.

이진 덕분에 기운을 조금 얻었는지, 문득 미술관에 가고 싶다. 그가 그림을 좋아했는지는 모르겠다. 함께 고른 그림 몇 점이 집에 걸려 있긴 하지만, 그는 미술관을 즐기는 듯하지 않았다. 내가 그를 이렇게 몰랐나 싶었던 건 오래전이다. 어느 날부터 그는 혼자만의 시간을 자주 갖고 싶어 했다. 노래를 믹싱하고, 드럼을 치고, RC카를 굴렸다. 그래서 나도 무엇이든 나만의 자리를 찾아야 할 것 같았다. 그렇게 금이 그어지는 동안 내가 잃고 있던 건 '우리'가 아니라 '나'였다. 어른이 되었다고 해서 내가 나를 더 잘 이해하게 되는 건 아니다. 나는 오랫동안 몇 평 안 되는 내 삶의 구역에서만 떠돌이처럼 헤맸다. 내 행동과 말에는 의미가 없었다. 나는 홀로서기를 해본 적 없는 사람처럼 어정쩡했다.

마음이 이끄는 대로 미술관으로 향했다. 평일 오전인데도 좋은 그림 앞은 한산하지 않았다. 입구 안내선을 따라 걸었다. 서울시립미술관, '에드워드 호퍼: 길 위에서'. 익숙한 대표작보다 낯선 그림들이 더 많았다. 그래서인지 허름한 기둥 위에 세워진 집 안에 들어선 듯했다. 창밖을 바라보는 이의 뒷모습이 있고 불 꺼진 방에 텅 빈 정적이 감돈다. 이름 없는 도시의 모퉁이가 차갑다. 나는 잠시 멈춰 섰다. 몇 초, 혹은 몇 분. 한 덩어리의 조각처럼, 누구에게도 곁을 내어주지 않는 그림자처럼 멈췄다. 시간의 무게를 잊고 그림의 침묵 속에 머무는 동안, 내가 생각보다 오래 외로이 있었음을 알아차리지 못했다.

1950년대, 미술사가 캐서린 쿠가 호퍼에게 물었다. "사람들은 당신 그림이 고독과 노스탤지어를 담는다고들 해요." 호퍼는 답했다. "의식한 적은 없어요. 어쩌면 내가 고독한 인간이라 그럴지도요."

그림 속, 창을 등지고 홀로 선 여자는 방금 누군가를 떠나보냈을까. 힘겨운 하루 끝에 막 돌아와 하이힐을 벗어던졌을지도 모른다. 방 안에는 어스름이 나직하게 퍼진다. 나는 그 불안한 공기에 가까워졌다. 그 속에서 아늑함이 번지는 교류 속에 서 있었다.

전시장 한쪽 작은 방에서 작품 해설이 낮은 목소리로 흘렀다. 나는 여유롭게 작품을 둘러보았다. 특별히 무언가를 얻은 것도 덜어낸 것도 아니라고 생각했지만, 미술관을 나서며 몸이 한결 가벼워졌다. 오늘은 내가 하루를 따라간 건지, 하루가 나를 이끈 건지 알 수 없었다. 바깥 공기를 마시며 걷는 속도가 느려졌다. 전시를 보고 나면 책이 읽고 싶어지고, 커피를 마시고 싶어진다. 카페에 들어가 한 무명작가의 소설을 펼쳤다. 아무도 재촉하지 않는 오후에 나는 다시 머문다. 바람, 어둠, 작은 빛 속에서 부유하는 나를 느끼며 오늘은 그 흐름을 따라가 본다.

적막 속에 이는 파동

"무너진 자리에서 다시 시작되는 삶도 있다."

OECD 국가 조사에 따르면 성인의 10~15%가 우울감을 겪는다. 한국보건사회연구원은 한국 성인의 20%가 우울감을 경험했다고 밝혔다. 우울감은 임상적 우울증과는 다르다. 누구나 한 번쯤 지나치는, 회색빛 안개 같은 감정이다. 자주 들이닥치고 촘촘히 달라붙어 쉽게 가시지 않는다.

　나 역시 그 안갯속을 걷고 있는 건 아닐까. 특별한 일이 없어도 언제 무너질지 모른다는 불길한 기운이 옆구리에 찰싹 붙어 다닌다. 단조로운 일상은 지루하게 늘어진다. 둔탁한 머릿속에서 기름띠 낀 담수처럼 흐려진 감각을 느낀다. 젖은 모래더미에 깔린듯이 무게를 견디지 못해 마음 한구석이 조용히 꺼지고 있다. 그 꺼진 마음이 그대로 굳어버린 듯하다.

　그래, 나는 지금 무작정 우울감 속을 떠돌고 있는지도 모른다. 마치 혼수상태 같다. 안정감조차 두꺼운 껍질처럼 무섭게 느껴져 피로하다. 언제부터인가 이 감정을 또렷이 바라보기도 어려운 상태가 이어지고 있었다.

　오늘도 별다르지 않은 그 감정에서 벗어나지 못한 나는, 약속을 취소하고 한 번 더 방을 배회했다. 이대로 있으면 머무르는 공기마저 탁해질 것 같고, 속에서 무너지는 소리가 들릴 만큼 조용해 오히려 더 지친다. 더 있으면 안 될 것 같았다. 가볍게 미러리스 카메라를 어깨에 걸치고 집을 나서 가까운 갤러리로 갔다.

들어서자마자 보이는 갤러리의 흰 벽에는 몇 장의 사진이 걸려 있다. 오래전 햇살이 스며들던 숲, 이끼 낀 돌무더기, 남아 있는 동물의 발자국이 어우러져 있다. 한때 온기로 가득했던, 서식지를 잃은 생명들은 이제 무관심과 어둠 속에서 마지막 숨을 담은 듯한 영정이 되어 있었다. 사진 속에서 느껴지는 슬픔과 숙연해진 나 사이엔 투명한 막이 얇게 드리워진 듯했다. 존재하던 것들이 사라져 가는 순간은 언제나 쓸쓸하다.

그 감정을 끌고 전시장을 나와 카페 창가 옆 야외 벤치에 자리를 잡았다. 커피를 들고 나오며 유리너머 풍경을 바라보니 흐물거리는 윤곽뿐이었다. 달콤한 바닐라라테를 두 손에 감싸 쥐었을 때, 잔에 드리우는 햇빛이 가늘게 떨리며 번졌다. 손끝을 스치는 온기에 갤러리 안에서 보았던 점박이 물범의 눈동자가 머릿속을 스쳐 지나갔다. 침묵 같은 순한 눈이 더 넓은 바다의 기억을 품고서 내 앞에 있었다. 눈물이 빠르게 볼을 타고 미끄러져 종이컵 속으로 떨어졌다.

도대체 어디서부터 이렇게 허물어졌을까. 그에게서 시작되었지만, 그가 아니었다. 우리에게서 시작되었지만 결국 나였다. 그만하면 되었다. 사는 일이 다 같아서 특별히 내 집에만 물이 새는 것도 아니고, 인생에 답이 있는 것도 아니었다. 내가 사는 게 답이라고 말해주는 이가 아무도 없어서였을까. 나는 그저 묵묵히 애썼던 날들이 애처롭고, 다시 살아가야 하는 날이 지금과 같을까 봐 두렵다.

그 두려움을 품은 채 계단을 따라 내려오며 생각의 끝을 꼭 붙잡았다. 이번에는 그 끝이자 시작이었던 지점을 붙들어 보려 했다. 감정은 드러나고 나면 눅진하게 남아 퇴적물처럼 쌓인다. 그러나 쌓이다 무너지면 뒤섞이기도 하고, 모르는 형태가 되기도 한다. 나는 어쩌면 지금 제대로 무너지고 있는 게 아닐까. 그 무너짐의 한가운데 있을지도 모른다.

그럼 지금 이 마음도 내일은 다를 수 있지 않을까. 지금 내가 할 수 있는 건 억지로 잊지도, 의도하지도 않는 것이다. 나를 다그쳐 흘려보내지도, 붙잡지도 않고 그대로 두는 것이다. 감정이란 건 억지로 다룰수록 더 거칠게 저항하기 마련이니까. 나는 오늘에야 그 생각 하나를 풀어 실타래에 끼우고 있다.

밖은 변함없이 평온했다. 주차장 쪽으로 걷는 길, 마주 오는 사람들 사이에서 전에 했던 생각을 떠올린다. 나도 그저 이들 중 한 사람일 뿐이다. 누구도 내가 어떤 마음인지 모른다. 나 역시 그들의 마음을 모른다. 다만 우리 모두 제 몫의 무게를 안고 걸어갈 뿐이다. "끝이 없구나. 정말." 창밖을 보던 그가 불쑥 그렇게 체념했을 때, 나는 우리가 질식사하지 않은 것에 의심을 품지 않았다. 왜일까. 이제와 돌이켜보면, 우리는 꾸역꾸역 숨을 쉬려 했지만 우리 사이에는 산소가 없었다. 텅 빈 공기만 마시며 점점 더 질식해 갔다. 나는 그 생각을 더 꼭 쥐고 걸었다.

순간, 아스팔트 위로 떨어지는 은은한 노을빛이 발끝에서 흔들리고, 아주 미세한 파동이 마음속에 번졌다. 지금은 그 정도면 된다. 무력했던 몸에도 힘이 조금 들어간다. 오늘만큼은 식지 않은 저녁 온기에 나를 기대어 보기로 한다.

마음을
꺼내다 보면

"숨긴 마음을 만나야
비로소 변화가 살아난다는 것을."

길을 걷다 보면 현실이 질척이며 가슴으로 다가올 때가 있다. 폐지를 잔뜩 싣고 리어카를 끄는 할머니가 있다. 허리는 땅을 향해 깊이 굽었다. 해어진 옷자락은 발목까지 늘어진다. 옷은 색이 바랜 지 오래다. 리어카가 보도블록을 덜컹거릴 때마다 여윈 어깨가 들썩인다. 구부러진 등줄기는 패인 길바닥을 넘기 위해 온 힘을 다한다. 얼른 달려와 리어카를 밀어주는 남자를 보며, 나까지 고마운 마음이 든다.

눈길을 옮기니, 상가 앞 계단 구석에 다리를 저는 고양이 한 마리가 조용히 몸을 숨긴다. 사람들의 발소리가 다가오면 바짝 고개를 들고, 익숙하게 구두 끝을 피해 어둠 쪽으로 물러난다. 작은 동물의 두려움이 저릿하게 느껴진다. 그 순간, 스스로를 지키려던 내 모습이 겹쳐진다. 얼마 전 다시 읽었던 헤르만 헤세의 『데미안』에서는 새가 알을 깨고 나오기 위해 투쟁한다고 했다. 예전에는 조용히 안쪽에서만 달라지길 원했다. 이제는 소리를 내어 밖으로 드러내며 견고해지려 한다. 내면의 소리를 외면하지 않고, 즐거운 일에 조금 더 눈길을 두려 한다.

버스 정류장에 선 사람들의 얼굴에는 누구도 모르는 이야기들이 숨어 있다. 휴대폰 화면을 바라보는 청년의 굳은 표정, 가까스로 버스를 놓친 중년 여성의 닫힌 입술, 허공을 바라보는 노인의 흐릿한 눈동자에도 있다. 그 얼굴들 사이로 작은 균열이 새겨진다. 그 틈을 따라 고여 있던 내 감정이 조금씩, 조용히 흘러나온다.

걷다 보니 도심 시장 골목에 다다랐다. 좌판 곁에는 채소더미가 쌓여 있고, 그 옆에 앉은 상인이 깊은 한숨을 쉰다. 비닐천막 아래 웅크린 그의 등 위로 오후 햇살이 무심하게 떨어진다. 시장을 걷다 보면 마주치는 사람들 누구 하나 삶이 편한 이는 없을 거란 생각을 한다. 상인이든 직장인이든 주부든, 누구나 지치고 불안하며 우울과 상실감에 허덕일 수 있다. 사람들을 보다 한 여자의 이야기가 떠올랐다.

오십 대 후반의 한 여자가 정신건강의학과를 찾아갔다. 퇴직한 남편은 십 년을 하루같이 출근하는 아내를 위해 매일 도시락을 쌌다. 그 도시락은 정갈하고 맛도 있었다. 그러나 그녀가 원한 건 도시락이 아니라, 남편이 잠시라도 자신을 잊어주는 것이었다. 남편의 집착과 사랑은 그녀를 점점 더 숨 막히게 만들었다. 여자는 병원을 다녔고, 상담 끝에 결국 남편에게 말했다. "여보, 내 도시락은 됐어요. 당신은 당신이 하고 싶은 걸 찾아요." 그 말을 하고 나서야 그녀의 마음속에는 밖으로 통하는 작은 터널이 열린 듯했다. 남편은 그 후로도 도시락을 쌌지만, 더는 그녀의 삶을 짓누르지 않았다. 그녀를 옭아맨 건 남편이 아니라, 말하지 못한 자신이었다.

  삶의 불안과 무기력, 서러움 같은 감정들은 늘 곁을 맴돈다. 땅거미가 깔릴 무렵이면 조용히 가슴속에 들어와 거센 파고를 일으키기도 한다. 오늘 하루를 무사히 보내도, 감정은 불시에 나를 괴롭힐 수 있다. 그럼 나는 그 감정과 함께 걸어 나가 보려 한다. 세상의 얼굴들과 내 마음, 내 안의 소리가 이어지는 작은 연습을 이어가려 한다.

변화의 틈에
꽃이 필지도

"내일을 바꾸는 건,
때로는 생각을 비우는 일."

아침에 눈을 뜨자마자 끝없는 생각이 밀려든다. 때로는 사유가 무의미해질 때가 있는데, 지금이 그런 때다. 내가 인생에서 잃고 있는 게 무엇인지는 따지지 않기로 한다. 생각을 멈출 수 없다면, 작은 것부터 실천하며 생각의 층위를 하나씩 쌓아 보는 게 낫겠다. 너무 큰 덩어리를 안고 감당하느라 눈앞에서 사라져 가는 소소한 것들을 놓치고 산다. 인생은 작디작은 것들로 머리가 아프기도 하고 또 행복해하면서 살아간다는 걸 안다. 그 생각을 주축으로, 내가 왜 이름도 알 수 없는 감정의 수렁에서 벗어나지 못하는 건지 윤곽을 그려 보기로 한다.

과거를 되짚지 않는다. 지금을 바라본다. 중요하지 않지만, 지금 내가 생각 없이 할 수 있는 것에 몰두해 본다. 두리번거릴 것도 없다. 주변에 널려 있다. 설거지거리는 언제 담가 두었는지 모르겠다. 여기저기 던져둔 쇼핑백과 화장대 위에 널린 다 쓴 화장솜과 면봉들이 보인다. 읽다 만 책늘이 소파 위에 흩어져 있다. 언제 마지막으로 닫았는지 모를 서재의 암막커튼을 젖혀 본다. 나는 이곳에 살지 않았구나 싶다. 머릿속을 고스란히 비추듯 어지러운 집안을 둘러본다.

내가 머물고 있는 '집'이라는 공간이 얼마나 낯설고 쓸모없는 장소가 되어 있는지를 확인한다.

돌아보니, 어른거리며 스쳐간 흔적들이 내가 외면해 온 진짜 세상이었던 것 같다. 이유 따위는 생각하지 않기로 한다. '왜'라는 단어가 떠오르는 순간, 지금에야 다시 마주 보고 있는 현실에서 또 달아나려 할 테니까.

사파이어 색으로 염색된 일인용 리넨 소파는 비싼 값에도 너무 마음에 들어, 결국 고집해서 데려왔다. 햇살이 눈부신 날, 흰 커튼이 살랑거리고 설익은 풀 냄새가 창문 너머로 들어오는 거실에서 그 소파에 앉아 책을 읽다가 꾸벅꾸벅 졸고 싶었다. 한껏 나른해지고 싶었다. 나는 평안함을 꿈꿨다. 생각이 다시 시간을 거슬러 흘러가려 한다. 얼른 삼인용 소파 위에 가득 던져진 책들을 정리하기 시작하자, 머릿속이 순식간에 비워지기 시작한다. 한때 내 안에서 꽃처럼 피었던 문장들이 가득한 고전도, 내 마음이 떠난 자리에서는 그저 먼지 쌓인 더미에 불과했다. 책을 털어내 가지런히 책꽂이에 꽂아 넣는다.

부지런히 침실 하나와 거실, 서재를 치우고 나니 뱃속에서 꼬르륵 소리가 난다. 배가 고프다는 생각조차 못 했던 건 순전히 게으름 때문이었나 보다. 허기가 져 더는 못 움직이겠다. 전날 아침에 쿠키 몇 개와 우유 한 잔, 아메리카노 한 잔을 먹은 게 다였으니 배고플 만도 하다.

집을 다 치우고 나니 해가 저문다. 하루가 이렇게 짧았던가. 어릴 적, 엄마가 집을 청소하고 나면 모든 사물과 바닥이 반짝반짝 윤이 났다. 집에 자주 놀러 오던 친구는 우리 집 거실에선 자기 얼굴이 비친다고 말했다. 엄마는 정말 깔끔한 사람이었다. 이유 없이 물건을 쌓아 두는 법이 없었다. 가늘게 양각이 들어간 서랍장 손잡이에도 먼지가 낄 틈이 없었다. 엄마는 매일 쓸고 닦았다. 마치 본분인 듯 치우는 일에 열성을 다했다. 지금 생각해 보면 힘들게 마련한 집이라서가 아니라, 엄마 마음에 그만큼 소음이 가득했는지도 모르겠다.

나는 아무리 해도 그만큼 집이 윤이 나질 않는다. 치워봤자 그저 물건들이 제자리를 찾고, 보이지 않게 가려지고, 생활에 거슬리지 않는 정도다. 바닥청소는 로봇청소기가 맡는다. 나는 구석이나 테이블 위 같은 곳만 천으로 닦는다.

청소를 마치고 나면 이제 내 집도 덜 쓸쓸할까. 샤워를 마치고 과일 향이 나는 디카페인 커피 한 잔을 내려 아일랜드 식탁 앞에 걸터앉는다. 부산스럽게 움직이던 내가 잠잠해지니 들떠 있던 공기도 가라앉는다. 내일 꽃을 사다 꽂을까 싶다. 겹겹이 쌓이던 생각 사이로 꽃 한 다발이 들어온다. 어제까지 겹쳐지기만 하던 생각에 다른 틈이 생겼나 보다.

희미해도
희망은 있다는 걸

"희미한 빛,
그러나 발걸음을 멈추지 않게 하는."

파도 위의 작은 어선에서 한 남자가 억눌렀던 삶의 찌꺼기를 토하듯 쏟아내고 있다. 평생 목을 죄어오던 타이를 풀고 있다. 밤새 끌어안고 울던 아버지의 유골함을 묻은, 흙이 손톱에 끼어 흑갈색이 된 손으로 눈물인지 콧물인지 모를 것들을 훔쳐낸다.

나는 암막커튼이 드리워진 오디오룸에 있다. 푹 꺼진 삼인용 소파에 모로 누워, 나는 그 남자의 슬픔에 소름이 돋으면서도 끌어안고 싶어진다. 저 남자는 이제 육지에 다시 올라 어떻게 삶을 지속할 것인가. 넷플릭스를 켜고 시리즈와 영화를 몇 편째 보고 있는지도 모르겠다. 더 이상 볼 수 있는 영상이 없을 때까지, 나는 일어나지 않을 수도 있을 것 같다는 생각이 든다.

요즘은 소소한 움직임들을 멈추지 않는다. 청소하고 책을 읽고 가족에게 안부인사를 전한다. 싱싱한 꽃다발을 사서 탁지 위 투명한 유리병에 꽂아 두며 맑은 미소를 띠기도 한다. 아직은 내 감정이 그 평범한 행동들로부터 겉도는 느낌이 있다는 걸 고백한다. 가끔은 간단한 요리도 한다. 그럼에도 나쁜 습관이란 나를 무력하게 만드는 가장 빠른 길 같다.

소파에 누울 때까지 밥도 챙겨 먹고 거실에 음악도 틀고 빨래도 널었다. 그런데 정작 그 기억들은 사라진다. 나는 어느새 외롭고 무력한 사람의 모습을 하고 있다. 상실감은 가끔 슬픔을 가장해 밀려온다. 나는 그때마다 감정이 포도송이처럼 내 몸 구석구석에 주렁주렁 매달린 것 같다. 안간힘을 써 굳이 나의 감정을 설명하지 않아도 된다는 건 정말 다행이다. 내 모습과는 달리 지금의 감정을 그다지 잘 이해하고 있지는 않기 때문이다.

다만 갑자기 사라진 삶의 굴곡과 소란이 너무 잠잠해져 당황하고 있다는 생각이 어제 처음 선명하게 들었다. 나는 어떤 이정표를 보고 방향을 틀었는지 기억한다. 옳았기 때문이 아니라 괴로웠기 때문이란 것도 잘 안다. 이후로 내 삶에 이해할 수 없는 침묵이 찾아왔다는 것도 안다.

그와 나는 더 이상 서운함이나 불만을 표현하지 않는다. 서로를 이해하는 방식이 생긴 건지도 모른다. 모래사장에서 바다냄새가 밀려오는 방향으로 느릿느릿, 그러나 온 힘을 다해 기어가는 거북이를 지켜보듯 조심스러운 눈빛으로 우리의 삶을 바라본다. 서로 약속이라도 한 듯 편안해 보인다.

그럼에도 내가 삶에서 재미를 찾지 못하는 건, 막연했던 평안을 더 이상 동경할 필요가 없기 때문일 수도 있다. 그러니 이것은 또 다른 상실의 이야기일지 모른다.

나는 요즘 유튜브를 통해 화장을 배우고 화장품을 산다. 화장을 배우는 일이, 지금까지 한 번도 화장을 해본 적 없는 사람처럼 낯설다. 새로운 세계를 탐색하는 기분이다. 모공 크림도 하나 주문했다. 드디어 혼자 노는 방법을 터득하고 있는 사람 같다.

지금 나의 희망은 너무 작아서 촛불의 밝기로 희미하게 빛난다. 그 희망은 오롯이 나를 위해 존재한다. 그 빛이 끊어지지 않고 명맥을 유지하는 게 내게는 중요하다. 희망조차 환하게 빛나기를 바라지 않는다. 그저 존재해 주는 데 감사하다. 나는 어쩌면 사람들이 가장 부러워할 만한 행복을 가지고 있는 사람이다. 깊어진 마음은 요동치지 않는다. 흔들리는 방법을 잊었다는 편이 맞을 것 같다. 언뜻 떠오르는 어느 날의 머물고 싶었던 풍경이 잠시 나의 감정을 끌어낸다.

그날 낯선 도시의 작은 서점에 들어갔다. 말이 서점이지, 누군가의 서재를 그대로 옮겨놓은 듯한 좁은 공간이었다.

책등 사이로 먼지가 떠다녔고, 좁은 탁자에 앉아 책을 읽는 노인의 손이 미세하게 떨렸다. 그 옆에 앉은 여자가 들키지 않고 싶은 목소리로 책 속 문장을 따라 읽고 있었다. 나는 그 둘의 존재가 너무도 평안하게 느껴져 자리를 뜨지 못했다. 아무 대사도 없는 한 장면처럼, 시간은 흘러가는 대신 정지된 것 같았다.

그때, 창밖에 갑자기 비가 내렸다. 예고도 없이 떨어진 빗방울에 사람들이 우산을 펴고 뛰기 시작했다. 익숙한 풍경이 데자뷰 같다. 어떤 사람은 우산이 없어 그대로 맞으며 걸었고, 나는 그 뒷모습에서 어릴 적 보았던 엄마의 걸음을 떠올렸다. 언제나 묵묵히 걸었고, 무거운 장바구니를 들고도 용케 잰걸음으로 걸었다. 엄마는 한 번도 자식 앞에서 울지 않았다. 그저 묵묵히 가족을 품었다. 자신의 감정 따위 돌볼 여유 없이 생의 가득히 가족을 아끼고 돌봤다. 엄마는 편안하지 않은 순간마다 어떻게 길을 내며 살아왔을까.

나는 밤이면 조용히 앉아 물끄러미 등을 돌린 내 그림자를 바라보곤 한다. 내가 이토록 오래 스스로를 살피며 지켜낸 것은, 어쩌면 아주 오래전 사랑받고 싶었던 누군가의 흔적 덕분이 아닐까. 사람은 누구나 사랑받은 기억을 어딘가에 꼭 쥐고 살아간다. 그것이 언젠가 잊히더라도 한 사람의 인생을 지탱해 주는 무게가 되는지도 모른다. 오늘도 내 생각은 이리저리 튀지만, 그 순간들에 사로잡히지 않고 흘러간다.

  오늘도 세끼를 챙겨 먹고 산책을 했다. 그림을 그리고 책을 뒤적였다. 특별히 다른 무언가를 애쓰지 않았다. 오늘 누군가와 함께 있지 않다는 게 참 다행스러운 일이긴 했다. 진부한 얘기와 어색한 미소가 뒤섞인 대화를 하지 않아도 되는 게 좋아서. 나는 지금 거기에 삶의 의미가 있다거나 즐거움이 있다고는 생각하지 않기 때문이다.

무기력한 나를
일으킨 건

"살아 있다는 것, 그 자체가 희망인 걸."

『지친 영혼에게 보내는 엽서』

이 이야기는 사실 2024년 봄이나 여름 즈음에 글쓰기가 멈춰 있다. 그러고 보면 마지막 글로부터 이제 일 년이 조금 넘었다. 내가 갇혀 있었고 빠져나온 가시덤불 같은 시간들이 오래전 일처럼 느껴진다.

지금 나의 희망은 너무 작아서 촛불의 밝기로 희미하게 빛난다. 그 희망은 오롯이 나를 위해 존재한다. 그 빛이 끊어지지 않고 명맥을 유지하는 게 내게는 중요하다. 희망조차 환하게 빛나기를 바라지 않는다. 그저 존재해 주는 데 감사하다.

아마 이 문장을 쓸 때, 나는 희망을 보고 있던 것 같지 않다. 여전히 희망을 찾고 있었고, 가까이 다가갔다고 말하는 편이 맞겠다. 그렇다면 나를 끝없는 무기력의 공포와 막연한 불안, 어지럼증 같은 내면에서 꺼내 준 희망은 무엇이었을까.

나는 「희미하지만 분명한 빛」 글 뒤에도 몇 편을 더 썼다. 내가 수정하지 않은 글 가운데 첫 꼭지는 이렇게 시작한다. 늘 다니던 카페에 머물던 어느 날이었을 것이다.

그날은 귀를 틀어막고 싶었다. 무거운 공기가 모든 소리를 삼켜버리기를 바랐다. 내내 목소리를 높이며 자신이 얼마나 힘들었는지를 반복하는 그녀의 말에는 참을 수 없는 분노만이 있었다. 그 말을 끊지 않고 같은 시간 동안 고개를 끄덕이며 위로하는 다른 여인의 낯빛에는, 이상하게도 승자의 냉기가 맴돌았다. 마치 두 사람이 서로를 향해 뭔가를 증명하려는 듯, 작은 의식을 치르고 있는 듯 보였다.

볕이 좋은 창가, 테이블 위에 놓인 커피잔에서 김이 올라오고 있었다. 햇살이 컵 벽을 타고 내려앉고, 커피 향이 코끝을 간질여 잠시 숨을 멈췄다. 바닥에 떨어지는 자잘한 웃음소리와 접시 부딪히는 금속성 울림이 배경이 되었다. 나는 따스한 햇살에 고개를 묻었다. 조용함이 필요했다. 오늘 브런치 앱에서 본 글을 읽는 내내, 나는 소리에 시달렸다. 오랜만에 생생한 글을 읽고 싶었지만, 진부한 삶이 끈적하게 묻어 있는 소리들이 글 곳곳에서 왕왕 울려대고 있었다. 문장보다 더 거슬리게 다가온 것은, 감정의 음량이었다. 낯선 사람의 고통이 쏟아지는 문장은 오히려 말보다 더 거칠었다.

생의 소리와 생활의 소리가 구분되지 않는 글들에 지친 다. 고함은 글이 되어도 고함이다. 분노는 문장이 되어도 분 노다. 그 글은 나를 투명하게 비추지 못했다. 감정의 부스러 기만 던져졌다. 오늘 같은 날에는, 읽는 일조차 하나의 피로 가 된다. 말보다 침묵에 기대고 싶다.

생각해 보면, 나는 말을 무서워했다. 끝없는 언쟁 속에서 말은 이빨을 드러낸 짐승처럼 그와 나를 물어뜯었다. 나중 에는 누가 더 깊게 상처 낼 수 있는지를 겨루는 싸움 같았 다. 그때의 우리를 떠올리면 지금도 숨이 막힌다. 그래서였 을까, 어느 순간 나는 결국 입을 다물었다. 사과는 되풀이됐 고 약속은 금세 무너졌다. 서로에 대한 존중은 가장 먼저 사 라졌다. 그 뒤로 나는 그의 실수를 만회할 기회를 내어주지 않았다. 누가 옳은지도 더이상 중요하지 않았다.

언제부터였는지 정확히 기억나지 않지만, 그 뒤 나는 말 을 대신해 여자의 얼굴을 그리기 시작했다. 2024년에는 유 난히 여자의 얼굴에 집착해 일러스트를 그렸다. 사진이나 영상을 보고 그려도, 그리는 사람의 감정에 따라 다른 표정 과 분위기가 나온다는 걸 그때 알게 됐다. 하고 싶은 말 대신 그림을 그리고 있었다. 침묵이 짙어질수록 내 삶은 숨죽인 밤공기에 잠긴 것 같았다. 말이 아닌 것들에 기대는 시간, 사실 나는 가만히 등을 쓸어주는 따뜻한 손길이 그리웠다.

내 세상은 조용해졌는데, 나는 극도로 외로웠다. 분노와 슬픔 뒤에 이를 악물고 닫은 세상과의 문은 내 의도와 달리 너무 세게 닫혀버렸다. 그림을 그리고, 책을 내고, 관계는 완전히 정지시켰다. 그런 내 모습은 화해를 가장한 제스처 같았다. 아무 말도 하지 않으면서도, 내 마음은 속으로 격렬히 흔들리고 있었다. 닫힌 문 앞에서 서성이듯, 나는 그저 조용히 버티고 있을 뿐이었다.

또 다른 글에는 이렇게 적었다.

조용한 시간이 흐른다. 베이커리 카페에서 나와 집까지 걷는 동안 아무 소리도 듣지 않는다. 이어폰을 끼지 않고, 휴대폰을 가방에 넣은 채, 그저 발소리만이 바닥을 따라 이어진다. 바람이 흔드는 나뭇잎, 멀리서 들리는 사이렌, 놀이터의 웃음소리. 그 모든 소리는 오늘, 그저 소리일 뿐이다. 그 안에 어떤 의미도 담고 싶지 않다.

집에 도착하니 소리들이 잠잠해졌다. 그리고 다행히, 집

은 나를 가만히 받아준다. 나는 그 안에 앉아 숨을 고르고, 오늘 하루를 마감한다. 조용한 밤, 침대에 누워 손바닥을 스치면, 얇은 이불의 결이 팔뚝을 타고 부드럽게 올라온다. 창을 스치는 바람에 커튼이 살짝 펄럭일 때, 내가 내쉰 숨결이 공기 속에 둥글게 흔들리는 것만 같다. 아무도 나에게 말하지 않고, 나도 누구에게 말하지 않는 밤. 그 밤이, 오늘 하루를 살게 한다.

  마지막 글을 쓰던 그 후에도, 나는 때때로 상실감과 무기력에 깊이 빠져들었고, 때로는 그 공기와 치열하게 싸우기도 했다. 그 안에서 어렵게 싹을 틔우고 자라나려 애쓴 것은 '나'를 구하고 싶었던 마음이다. 적막해지는 삶을 조금만 소란스럽게 만들어 보려는 용기를 냈다. 굳이 몸부림쳐 자신을 지키던 껍질에 스스로 금을 내어 알을 깨고 세상으로 나와야 하는 새끼새의 운명 같은 마음을 보았다. 결국 숨 막힌 내 세상의 문을 닫은 것도 나였고, 열 수 있는 것도 '나'였다.

  나의 희망은 '글'이라는 이름으로 조금씩 자라, 삐죽삐죽 땅을 뚫고 올라오는 잔디를 닮아 있었다. 바깥세상에 내놓기 위한 글이 아니라, 대부분은 서랍에 넣어두고 가끔은 다른 이들에게 읽혀도 좋은 글들이었다. 내 마음을 드러낼수록 세상은 조금 즐거워진다. 나의 희망은 '삶' 그 자체였다.

2024년, 아버지의 기일이 다가오던 토요일이었다. 나는 아버지를 모신 납골당에 갔다. 처연하게 우는 새소리를 배경으로, 언제나처럼 사진 속 얼굴을 쓰다듬고 돌아섰다. 그러다 뒤에서 누가 나를 잡는 듯해 흠칫 놀라 돌아봤다. 옷자락이 튀어나온 쇠장식에 걸린 것이었다. 그 순간, 눈물이 터졌다. 활활 타오르던 8월, 매미소리가 들리지 않을 정도로 아이처럼 크게 울었다. "행복해야 한다, 너 하고 싶은 대로 살아라."라고 말해 주던 아버지가 몹시 그리웠다. 어쩌면 내가 놓친 삶에 대한 회한이었을지도 모른다.

나는 글을 쓰며 마주치는 감정들을 외면하지 않고 받아들였다. 고상하지 않은 분노와 만성적인 외로움과 침잠까지도 고스란히 글에 담았다. 그러다 보니 내가 현재 있는 세상과 있어야 할 세상의 경계가 보이기 시작했다. 그렇더라도 훌훌 털어내도 되는 시간이 있고, 결코 흘려보낼 수 없는 순간도 있다. 다만 굳이 나를 집어삼킨 괴물까지 끌어안고 웅숭그리고 앉아 세월을 낭비할 필요는 없다. 처음에는 작은 구멍 하나면 충분하다.

   새어 들어오는 물소리를 듣는 사이, 희망은 어느새 또 다른 세상을 보여준다.

두 권의 책,
시간을 담다

"내일이란 마음을 따라 걷는
첫 발자국, 거기에서 시작한다."

주말 오후, 오랜만에 지하철을 타고 종각에 내렸다. 혼자 사진전을 보기로 한 날이다. 익숙하지 않은, 평소와는 다른 동선을 따라 골목 안으로 들어갔다. 낡은 레코드 가게, 편집 숍, 외국 서적을 파는 서점이 드문드문 보였다. 그곳에는 대화를 하지 않아도 되는 낯선 사람들이 있고, 형식적인 안부도 필요 없는 안전한 공간이 있었다. 나는 그 안으로 성큼 걸어 들어갔다.

그 거리에서는 늘 같은 날이 떠오른다. 오래된 친구를 만나러 갔던 날이었다. 우리는 모든 것이 낡아 안락하게 느껴지는 노포로 향했다. 낡은 간판 아래 허름한 문을 밀고 들어서자 김이 서린 창문, 때가 낀 타일 바닥, 벽에 기대앉은 동네 어르신들이 보였다. 우리가 주문한 건 잔치국수 두 그릇이었다. 따뜻한 국물은 배를 채우고 노곤한 마음을 차분히 가라앉혔다. 오래된 친구와 먹기에 그만한 음식도 없었다. 배가 고팠는지, 추웠던 탓인지 우린 거의 말없이 식사를 마쳤다. 따뜻한 김에 얼굴이 조금 발그레해졌다.

잠시 멍하니 있다가 국물을 다 비우고서야 거의 동시에 물었다. "요즘 어떻게 지내?" 부딪힌 질문에 친구는 고개를 저으며 대답했다. "그냥 지내지 뭐." 오래된 관계는 정말 얄 궂다. 모른 체하고 싶어도 그 말의 진심을 안다. '그냥'이란 말에는 생각보다 많은 것이 숨어 있다. 피로, 무력, 체념, 애 씀, 감정의 혼란까지 겹겹이 배어 있다. 무너지지 않으려 간신히 붙드는 균형까지도. 슬프지도, 기쁘지도 않은 상태 같지만, 실은 훨씬 더 복잡하고 뭉툭한 감정이 겹쳐져 있다. 사람들은 무심히 고개를 끄덕이지만, 나는 그 말의 무게를 안다. 꺼내지 못한 말들이 '그냥'이라는 한 단어 뒤에 길게 숨어 있었다.

다크서클이 검은 달처럼 눈밑에 매달린 친구는 끝내 무슨 일인지 말하지 못한 채 입술만 달싹이다 떠났다. 나는 그녀에게 "너를 생각하며 쓴 글이 있어."라고 말하며 내 첫 에세이집을 건넸다. 얼마 후 그녀에게서 문자가 왔다. 이제 괜찮다고 했다. 이혼을 하고 위자료는 한 푼도 받지 못했지만, 대신 남자의 엉덩이를 힘껏 걷어 찼다고 적혀 있었다. 문자 끝에는 'ㅋㅋㅋㅋ'가 덧붙었다.

요즘은 전에 없이 날씨가 뜨거워서 자주 서로의 안부를 주고받는다. 우리 사이에 실없는 농담이 늘었다는 게, 한시름

놓았다는 의미일지도 모른다. 가끔 그녀가 보내오는 사진 속에는 윤기가 흐르는 그녀의 얼굴과 머리칼이 담겨 있다. "너 회춘하나 봐." 내가 말하면, 친구는 자지러지게 웃는다.

세월이 흐르며 어린 시절 친구들도 각자 다른 세상에 산다. 만나서 웃는 일조차 쉽지 않다. 그래도 그만큼 우리 마음에도 나잇살이 붙어 다행이다. 덕분에 시간에 묻혀가는 일도 있다. 지난 이 년여의 시간을 나는 첫 에세이집에 슬그머니 담았다. 그 덕분에 또 일 년이 지나기 전, 가벼워진 마음으로 두 번째 책을 낼 수 있었다. 한달음에 달려오진 못했지만, 조심스레 내디딘 작은 걸음들이 무너져 내리기만 하던 발밑을 조금은 단단하게 만들었다.

요즘은 사람과의 관계에 집중할 여력이 없다. 새벽에 눈을 뜨면 머리가 맑아 글을 쓴다. 언제 다시 출간할 수 있을지 모르지만, 가능한 많은 글을 남긴다. 독서량도 늘려야 해서 가독성 좋은 책부터 과학서적까지 닥치는 대로 읽는다. 여름감기로 열흘 넘게 콧물을 훌쩍이면서도 타이핑을 하는 나를 보면, 과거가 아닌 현재를 잘 살아가고 있다는 생각이 든다.

말하기 싫은 날에는 글을 쓰고, 글이 막히면 그림을 그린다. 나를 풀어낼 도구는 언제나 있다. 세상에 나만 잘하는 건 없지만, 나도 잘하는 건 있다. 내 인생의 문제들 중 일부는 내 탓이지만, 전부가 내 탓은 아니다. 지금 힘들다고 해서 영원히 힘든 것도 아니다. 내가 즐겁지 않으면 타인과 행복할 수도 없다.

요즘 읽고 있는 책 가운데 하나, 리처드 도킨스의 『이기적 유전자』에서는 동물 개체를 우수한 유전자를 보존하는 생존 기계로 본다. 유전자의 조합이 하나의 몸을 이루고, 유전자는 언제나 우성을 선택한다. 그들은 자신들이 지배하는 개체를 유지하기 위해 최선을 다한다. 지금도 우리의 유전자는 살아남기 위해 작은 희생은 기꺼이 감내한다.

돌아보면, 지난 일 년 동안 내가 지속했던 행위는 오로지 나 자신에게 시간을 투자한 일이었다. 한동안은 내 만족에만 몰두했다. 그 사이 주변에서 어떤 소리들이 오갔는지조차 흐릿하다. 무너지기 전에 좋아했던 것들이 아니라, 지금 내가 선택할 수 있는 최선에 집중했다. 모든 것이 그런 건 아니겠지만, 지난 선택들 중 많은 부분은 오염되었다고 생각했다. 나보다는 내 곁의 사람들, 내가 져야 할 의무를 먼저 생각했기에 그 속에 순수한 내 모습은 적었다. 집중의 결과가 고작 책 두 권일지 몰라도, 나는 책을 쓰는 시간 동안 분명 어느 때보다 안정되고 행복했다. 전에는 없었지만 지금은 존재하는 나에게 끊임없는 애정을 보낸다.

예전처럼 최선을 다하려 애쓰지 않는다. 무리하다 보면 금세 지친다. 작은 결과라도 내 의지로 이룬 것이라면, 그것만으로도 마음이 든든해지고 숨이 한결 가벼워진다. 누구도 내 삶을 대신 살아주지 않는다. 내 마음을 따라가는 첫걸음을 믿는 용기를 낼 뿐이다.

오늘을 견디는 당신에게,
포기하지 않을 마음에게

황량하고 어두울 수록 외로움은 짙어진다.

그 안에서 일어나는 파동도 다행히 더 크게 다가온다.

마음속에서 들려오는 소리에 귀를 기울이다 보면

어느 날엔 꽃을 사고 싶고

어느 날엔 빗속에서도 빛을 보게 된다.

과거의 두려움보다 작은 변화, 그 한 걸음의 힘이 세다.

지친 마음에 위로보다 필요한 건

절망과 희망이 함께 있다는 사실을 아는 것.

희미해도, 다시 걸을 만큼의 희망은 기다리고 있다.

삶 그 자체가, 희망이라는 걸 믿어보면 어떨까.

4부

살아 있다는 느낌은
느리게 온다

적막한 시간을 지나,
다시 살아 있음을 느끼면
삶이 늘 친절하지 않아도,
내가 먼저 손을 내밀 수 있다.

저마다의 무게,
그 속의 빛

"희망은 무너져도 여전히 내 안에 있다."

아침부터 기웃대던 햇살이 오후 내내 화사하다. 다채로운 음이 섞인 새소리가 잎사귀 사이에서 터져 나온다. 오늘 검은 고양이는 나를 가까이서 보고도 도망치지 않고 여유롭게 걸어간다. 세탁소에서 막 배달된 셔츠의 깃은 기분 좋게 빳빳하다. 아침 산책을 마친 나는 서둘러 아이패드, 에어팟, 지갑을 챙겨 도시 외곽의 산 아래 카페로 향했다. 이십여 분이 걸리는 도로를 달리면 한적한 산 아래 그곳이 나온다. 따뜻하게 데운 양송이 수프와 바삭한 빵으로 식사를 대신했다. 그리고는 내내 책을 읽고 글을 썼다. 소리 내어 웃은 기억은 없었지만, 마음속은 밝았다. '밝다'는 표현이 맞는지는 모르겠지만, 불만도 벅찬 희망도 없는 지금이 적당해서 좋다.

요즘은 일상이 평안하다. 남이 불러주는 '작가'라는 호칭도 이제는 편안히 들린다. 처음에는 안 맞는 옷을 입은 것처럼 불편했지만 지금은 진지하게 받아들인다. 내게는 긴 시간을 담아낸 집필의 결과였지만, 남들에게는 고작해야 두 권의 책일 수 있었다. 직업이 작가라기에는 애매한 수라고 스스로 생각하기도 했다. 몇 개월 전부터는 직업의식을 갖는 게 좋겠다 싶어 누가 직업을 물으면 글을 쓴다고 대답한다. 그리고 나니 글에 대한 부담이 조금 더 생겼다. 그마저 감사하게 받아들인다. 세월을 돌아서 처음 내게 맞는 옷이라고 느껴지는, 편안한 껍질 속에 있다. 운명이란 참 엉뚱한 곳에서 인연을 만들어내는 재주가 있다.

출간할 글을 쓰며 내내 나는 가르칠 것이 없는 사람이라는 생각을 한다. 겸손이 아니라 사실이 그렇다. 남들이 다 사는 인생, 누구나 겪는 역경이다. 나는 그것들로부터 얻은 잔유물을 정제해 책으로 엮을 뿐이다. 앞으로도 내 책이 내 인생이 아닌 곳에서 나오긴 어렵다. 그렇다면 책 속 어딘가에 끈덕지게 남을 내 인생의 부분을 조금이라도 아름답고 가치 있게 만들고 싶어진다. 나로부터 전해지는 글이 누군가에게 절망이 아닌 희망이 되면 좋겠다. 인생을 함께하는 나침반은 아니어도 마중물은 될 수 있기를 바란다.

내가 좋아하는 일을 하는 것이 뜻밖에도 엄마에게는 가장 큰 효도가 되었다. 내가 작가가 되는 길이 엄마에게 그렇게 큰 행복을 주는 일인지 몰랐다. 다른 사람은 다 읽어도 가족만은 읽지 않기를 바랐던 책들이었다. 혹시라도 나를 불행한 사람이라 오해할까 걱정했다. 가족에게만 드러나는 또 다른 내 생이 있을까 봐, 마음 한 편이 불편했다.

괜한 기우였다. 가족은 변화하는 내 모습만 보았다. 엄마는 책을 읽고 지인들에게 홍보하면서 다음 책은 언제 나오냐고 가장 먼저 묻는 팬이다. 첫 책이 나왔을 때는 삽화 하나가 아쉽다며 다음에는 이러저러했으면 좋겠다고 훈수도 두었다. 내 자리를 찾고 내 일에 몰두하면서 사람들과의 관계도 부드러워졌다. 그들은 내 일을 인정하고, 내 공간을 침범하지 않는다. 나는 현재에 집중하고 미래를 상상하느라 늘 바쁘다.

사람들의 인생은 다 다르다. 내 주변만 봐도 그렇다. 오십에 첫 아이를 얻어 남은 삶을 그 아이에게 쓰게 된 지인이 있다. 내 절친은 십오 년 동안 주말부부로 두 아이를 기르며 희생했다. 다행히 아이들은 잘 자라 이제 곧 유학을 떠난다. 또 다른 이는 미혼으로 노후 준비없이도 매일 행복하게 나이 들어간다고 말한다. 나는 무력하게 주저앉았던 길에서 다시 일어나 걸어왔다. 누구의 삶이 낫다고 할 수는 없다. 각자의 인생에 놓여진 길이 다를 뿐이다.

살다가 고독과 무력감, 상실 같은 감정을 견디기 힘들 때는 현재 나보다 더 힘든 사람들의 삶을 들여다보는 것도 도움이 된다. 뻔하고 잔인하게 들릴지 모르지만, 홀로 힘들지 않다는 사실이 위안이 된다. 요즘 버려진 생명을 돌보는 사람들의 활동을 자주 본다. 그중에는 유기견에 대한 이야기도 있다. 내가 보고 있는 동물보호단체가 하는 일 중의 하나는 유기견을 입양 보내는 일이다. 학대받고 버려진 개들을 보는 건 애잔하고 가슴 아프다. 그래도 외면하지 않는다. 귀한 생명이 새 삶을 찾는 일에 귀 기울이다 보면 내가 그들에게 도움이 될 수 있는 일도 하게 된다. 위기에 처한 유기견이 구조되어 가족을 만나는 순간에는 내 마음도 서서히 데워지는 느낌이 든다. 그 순간의 힘은 타인의 불행으로부터 얻는 동질감의 위로보다 더 큰 위안이 된다. 삶을 지탱하는 방식은 저마다 다르지만, 나에게는 예술이 또 하나의 위안이었다.

 올리비아 랭은 예술이 만나지 못한 사람들 사이를 이어주며 삶을 풍요롭게 한다고 했다. 예술은 상처를 치유하면서도 모든 상처에 치료가 필요한 것은 아니며, 모든 흉터가 추한 것은 아니라는 것을 보여준다고도 했다.

 나는 가능하면 일주일에 한 번은 전시회를 다닌다. 하필 내가 전시회를 자주 다니기 시작한 때는 힘든 감정들이 한데 얽히며 내 공간을 '집'으로 한정시키던 시기였다. 작품 앞에 서면 내 감정을 마주할 수 있었다. 살아 있다는 감각이 되살아났다. 그렇게 조금씩, 내 삶에 새로운 그림이 그려지기 시작했다.

나는 질주하지 않는다. 가끔은 다 내려놓고 쉰다. 글이 써지지 않을 때는 한 문장만 남기고 덮어 두기도 한다. 그 시간이 며칠이 걸려도 조바심 내지 않고, 독서를 하거나 미뤄두었던 영화들을 몰아보기도 한다. 인생은 오늘 하루로 정해지지 않는다. 24시간의 행로보다 중요한 건, 타인에게 지배되지 않는 내 생활을 지켜내는 일이다. 그것은 타인에게 덜 집착하게 하고 건강한 관계를 유지하는 데도 도움이 된다.

나는 요즘 내 인생에서 중요한 것과 그렇지 않은 것의 순서를 정한다. 생활을 유지하며 침몰하지 않는 법을 배워가고 있다. 이제 내게 침묵은 숨 막히는 것이 아니라 기분 좋은 휴식과 같다. 상황이 달라지면 마음도 바뀌고, 마음이 바뀌면 상황도 달라진다. 그래서 인생은 무겁기도 하고 가볍기도 하다.

돌아온 길 위에서
마주한 나

"회복은 다시 나를 만나는 과정이다."

다시 그 길을 걷는다. 이 년 전에도 지나간 길이다. 그때의 나는 발걸음을 떼는 것조차 고통스러웠다. 명치끝이 뻐근해서 숨이 막히도록 가슴이 조여 왔다. 보도블록은 끝없는 낭떠러지처럼 아득했다. 나무 그늘은 벽처럼 앞을 가로막았고, 사람들의 웃음소리는 그저 잡음일 뿐이었다. 지금과 같은 길을 걷고 있었지만, 나는 사실 그 길 위에 존재하지 않는 사람이었다.

오늘, 익숙한 골목을 다시 걷는다. 벽돌집 담장 위에 넝쿨이 길게 뻗어 있다. 전에는 보이지 않던 작은 들꽃이 돌틈 사이에서 자란다. 길가 카페 창에는 지난 계절의 스티커가 그대로 붙어 있다. 풍경은 그대로인데, 내 눈에 비치는 길이 달라져 있다. 신경과학자들은 같은 자극도 감정 상태에 따라 뇌의 회로가 다르게 반응한다고 했다. 같은 길인데 전에는 풀 하나, 꽃 한 송이 보지 못했다. 오히려 드문드문 지나가는 사람들을 보며 위험이 도사릴 것만 같은 위압감을 느꼈다. 오늘은 이정표가 안내하는 지도처럼 길이 친절하게 펼쳐져 있다.

이 길을 걷다 멈춘 적이 있다. 페인트칠이 벗겨진 파고라

아래 벤치에 앉아 한참 울고서야 결국 집으로 돌아가던 날이었다. 그때는 다시 이 길을 편안히 걷지 못할 거라 생각했다. 오늘은 그 벤치에 앉아 고개를 들어 청명한 하늘을 본다. 가볍고 맑은 숨을 쉰다. 무기력 속에서도 몸은 기억을 이어간다. 생은 이렇게 언젠가는 다시 움직일 수 있도록 작은 틈을 내어 준다.

이제 생각해 보면, 걷기라는 단순한 행위가 무기력에서 꾸준히 나를 지켜온 듯하다. 의학적으로도 반복된 걷기는 세로토닌을 분비해 기분을 안정시킨다고 한다. 억지로라도 내디딘 발걸음이 내 안에 미세한 변화를 만든 모양이다. 그날에는 어떤 효과도 기대하지 않고 그저 걸었을 뿐이다. 그러나 그 순간에도 뇌는 가만히 새로운 길을 만들고 있었다. 지금 내가 예전의 길을 다르게 보는 건, 그 작은 반복이 남긴 흔적 덕분일지도 모른다고 생각하니 기적처럼 느껴진다.

돌아오는 길에 만나는, 담장 너머로 푸름이 쏟아지는 단독주택의 우체통이 눈에 들어온다. 오래되어 녹이 슬었는데, 그 안에는 편지봉투 크기의 우편물이 꽂혀 있다. 정기간행물일지, 누군가의 편지일지 모른다. 우편물을 보니 마음이 가볍게 일렁인다. 편지를 받아본 지 정말 오래되어서, 그것이 누군가의 그리움이나 좋은 소식을 전하는 편지였으면 하는 마음이 스친다. 내 멋대로 상상하는, 보이지 않는 글의 에너지가 잔잔한 파도처럼 전해진다. 오랜만에 걷는 길, 내 발걸음이 가슴에서 번져 나오는 미세한 흔적을 남긴다.

일 년 동안 특별한 사건이 내 생활을 바꾼 것도 아니고, 누군가의 노력이 과거를 바꾼 것도 아니다. 다만 쓰러지지 않고 하루를 견딘 날들이 쌓였다. 그 작은 발걸음이 오늘의 나를 이 길 위에 다른 마음으로 다시 세웠다.

무력함을 이겨내려는 사람에게 거창한 계획은 필요하지 않다. 때로는 길을 걷는 것만으로도 충분하다. 한 번은 울며 멈추었던 벤치가, 다음에는 잠시 숨을 고르는 자리가 된다. 언젠가는 편안히 하늘을 올려다보는 곳이 된다. 같은 길을 반복해 걷는 동안에 발걸음에 묻은 피로가 풀린다. 굳어 있던 어깨가 조금씩 가벼워진다. 그런 작은 변화를 따라가다 보면, 어느 날 마음은 자기 자리를 다시 찾는다.

길은 여전히 같은 모습으로 남아 있다. 언젠가부터 내 안에서는 닫혀 있던 스위치가 켜지듯 회복의 회로가 하나둘

이어진다. 나는 여전히 크게 달라지지 않았을지도 모른다. 그러나 이전의 나는 이 길에서 울음을 삼키며 주저앉았고, 오늘의 나는 같은 길 위에서 한결 가벼운 호흡으로 걷고 있다. 견뎌낸 시간이 지금의 발걸음을 앞으로 밀어주고 있다.

다시 데워지는
마음

"마음은 재촉하지 않아도 시간을 건너온다."

지난 주에 산책을 나선 지 얼마 되지 않아 비가 후드득 쏟아졌다. 건물 지붕 끝자락 아래로 뛰어들었다. 하늘은 흰 틈 없이 더 어두워져, 잿빛과 청회색빛이 뒤섞여 번져가고 있었다. 곧 그칠 것 같던 비는 멈추지 않았고, 나는 그냥 걷기로 했다. 빗줄기는 더 세져 이내 앞을 가릴 정도로 퍼부었다. 옷깃을 타고, 목 뒤를 타고, 발끝까지 스며들어 온몸을 순식간에 적셨다. 체념한 나는 어느 순간부터 차가운 비를 즐기고 있었다. 거센 빗줄기가 툭툭 몸에 부딪치는 느낌이 감각을 깨웠다.

몇 월이었던가. 도쿄에 머문 지 사흘째, 사정없이 비가 퍼붓던 날이었다. 나는 진보초 서점가를 걷고 있었다. 도쿄메트로 진보초역 근처에 150개 이상의 서점이 모여 있는 곳이 있다. 문학, 역사, 철학, 예술, 만화까지 장르도 다양하고 전문적인 서점이 많은 거리다. 오래된 나무 선반과 바랜 책들, 연륜이 묻은 간판과 좁은 골목길이 레트로한 정서를 풍겼다. 카페와 출판사가 섞여 있어 문학적 기운이 가득한 곳이다.

낡은 건물 사이로 자그마한 화분, 입구에 늘어선 덩굴식물, 이끼 낀 화분이 자동차의 금속과 기름이 풍기는 매캐한

냄새와 도시의 무심함을 조금씩 깨우고 있었다. 우연히 들어간 곳은 작은 찻집이었다. 테이블은 몇 개 되지 않았다. 창가에 앉은 여성이 조용히 차를 마시고 있었다. 오래된 잡지를 넘기다 말고 이내 창밖을 바라보았다. 흐린 얼굴과 멈춘 손끝. 무엇을 떠올리는지 알 수 없었지만, 나는 그 여자의 움직임을 오래 바라보았다. 표정은 또렷이 기억나지 않는다. 그러나 느릿한 호흡과 정적은 내가 머물던 시간을 삼켜버렸다. 내가 본 건 한 사람에게 내려앉은 적막, 그 안에 스며드는 공허함이었다. 벚꽃이 만개한 빨간 우산을 펴고 찻집 문을 나서던 뒷모습처럼, 잔잔하게 가라앉은 오후처럼. 아무 일도 없는 시간 속에서도 감정은 자라난다. 그 감정과 함께 지내는 방법을 배워야 한다. 어떤 마음인지 설명하지 않아도 괜찮다. 가라앉은 마음을 억지로 끌어올리지 않고, 잔잔히 흘러가게 두는 것만으로도 감정은 빛이 드는 곳으로 물꼬를 튼다.

    그렇게 흘러가는 감정은 삶의 다른 방향에서도 다르지 않다. 삶에 지칠 때, 잘 살아간다는 느낌은 성취나 확신으로 설명되지 않는다. 비가 옷 속으로 들어와 등줄기를 타고 내리듯 흘러야 한다. 감정도 그렇게 움직일 때 비로소 가라앉지 않는다. 달리는 배도 속도를 제어하지 못하면 파도의 저항을 이기지 못해 균형을 잃는다. 작은 배일수록 파도 하나에도 쉽게 뒤집어진다. 감정은 소형 선박과 같다. 물결을 받아내듯 서서히 움직여야 한다. 시간이 흐르면 편안한 감정이 오래된 이끼처럼 자라 마음 한편을 덮는다. 그 이끼를 손끝으로 문지르면, 미세하게 배어 나오는 초록의 따뜻함이 느껴진다. 그 따뜻함 하나에 기대어 살아갈 수 있다는 걸 알게 될 때, 다시 삶을 찾아 걸어갈 수 있다.

병들고 낡은 감정은 호흡이 멎은 생명과도 같다. 세포에 산소와 영양 공급이 끊기면, 효소가 작용해 스스로 분해되기 시작한다. 토양 속에서 영양분이 되어 흙과 공기, 물속에 흡수된다. 그처럼 가슴속에 스며든 감정도 결국은 새로운 순환의 기회를 얻는다.

신의 손길이 가장 간절한 순간에도, 살아 있다는 느낌은 느긋하고 더디고 무심하게 다가온다. 잊고 있던 노래의 한 소절처럼. 창밖을 바라보던 한 여인의 숨결, 우산을 펴지 않고 걷던 비의 오후, 그 장면들이 결국은 나를 다시 데워준다.

고독을 밀어내는
사소한 힘

"다 말라버린 듯해도,
삶의 힘은 여전히 꿈틀댄다."

『백년 동안의 고독』의 작가 마르케스는 1982년 노벨 문학상 시상식에서 고독은 단순한 내면의 감정이 아니라, 현실과 역사 속에서 인간이 겪는 소외와 단절의 근원이라는 맥락으로 이야기를 풀어 갔다. 고독은 삶에서 패배와 실망을 맛본 사람들에게 필연적으로 찾아온다. 그러나 이 고독 속에 숨지 않고 다시 세상을 향해 거듭나야만 삶과 세상의 의미 있는 변화가 만들어진다. 무력감과 상실, 혹은 이름 붙일 수 없는 바닥의 감정은 고독과 맞닿으며 더 깊어진다. 고독은 사람을 가장 피하고 싶은 날에도 결국은 사람으로부터 치유되기도 한다. 하지만 세상은 쉽사리 품어주지 않는다. 숨으려 들면 오히려 더 매섭게 다가오고, 그 속에서 내가 할 수 있는 건 방 안의 사소한 배치를 바꾸는 정도뿐이다.

　지나치게 고독하다는 감정에 동의하거나 빠져드는 건 위험하다. 고독은 모든 감정의 저변에서 행복을 위태롭게 만드는 블랙홀과 같다. 사람이 싫어 숨어들어도 결국은 다시 사람을 찾아 꾸역꾸역 걸어 나가야 한다. 억지웃음이라도 한 번 지어보고, 필요 없는 머리핀을 사서 옆머리를 밀어 올려 꽂아본다. 내 모습이 어떠냐고 말을 걸어본다. 그러다 보면 누군가가 예쁜 핀을 골라주거나, 내가 상대에게 선물을 할 이유가 생긴다. 그렇게 삶의 변화를 만들어간다. 고독은 정말 유의 깊게 살펴야 할 감정이다.

고독은 진통제와 같다. 당장은 고통을 덮어주지만 시간이 지나면, 더 큰 통증으로 돌아온다. 무기력할 때의 고독은 특히 더 날카롭다. 본능적으로 가장 안전하고 편안하다고 여기지만, 깊은 그림자 속에 웅크린 채 빠르게 고립되어 갈 뿐이다.

태양이 어지러울 만큼 뜨거운 날, 빨래는 열기를 머금은 냄새를 풍기며 바짝 잘 마른다. 아침부터 서둘러 침대에서 이불을 걷고, 시트를 벗기고, 빨래 바구니를 털어 나온 속옷과 양말을 세탁기 앞에 쏟았다. 오랜만에 삶기 기능을 사용해 모든 천들을 하얗게 세탁했다. 몇 시간이 걸려 세탁물이 나와도 날씨가 좋아서 오후까지는 거의 다 마른다는 걸 알기에 모두 세탁기에 넣고 돌렸다. 마지막 빨래 건조대를 거실 쪽 베란다에 널고 나오며, 펼쳐놓은 캠핑용 탁자 위 허브 화분에 눈길을 준다.

이번에는 물도 제때 먹인 것 같고, 낮에는 햇살도 듬뿍 받았는데 또 뿌리가 썩은 걸까. 잎은 거의 부서질 듯 말라 있었고, 줄기도 바짝 말라 보였다. 식물 하나를 죽이고 다시 들여놓았는데 또 잃었다. 내가 식물과 친하지 않다는 건 꽤 슬픈 감정을 불러온다. 화분에서 털어내 버려야겠다고 생각하고 가까이 갔는데, 아래쪽에 아주 작고 여린 새순이 돋아 있었다. 간신히 숨이 붙어 있을 것 같은 새순을 살리기 위해 새 흙으로 갈아주고 조심스럽게 물을 부었다. 빛을 받는 시간도 줄였다. 드디어 새순은 아주 조금씩 자라 허브 향기를 터뜨리기 시작했다. 내가 생명을 준 것처럼 의기양양했다.

 마음도 이와 다르지 않다는 생각이 든다. 바닥까지 말라버린 듯해도 어느 한편에는 여전히 살아 있으려는 힘이 있다. 감정이 깊이 파고들 때면 고독의 틈바구니에서 스스로를 끄집어내야 한다. 고독에 잠기면 고립은 더 빨라진다. 가끔은 자신을 깨우는 작은 행동—머리핀을 사는 일—이 나를 건져내는 작지만 강한 고리가 된다.

 무력한 감정이 골을 깊게 파고들수록 고독으로 더 쉽게 빠져든다. 그럴 때는 작은 줄이라도 붙잡아 스스로를 밖으로 고정시켜야 한다. 그 방법은 대단하지 않다. 짧은 안부 메시지를 보내거나, 책 몇 페이지를 소리 내어 읽으며 내 목소리를 들어본다. 조금 힘이 나면 한강 둔치에 앉아 저녁을 달리며 스쳐가는 자전거 바퀴 소리를 듣는다. 코엑스몰 별마당 도서관에서 책을 뒤적이거나 사람 구경을 한다. 더 기운이 차오르는 날엔 대학로 마로니에 공원에서 박수와 환호성을 듣고 함께 소리를 끄집어 내보는 일도 좋다. 이런 작은 행동의 연결이 고독의 틈을 느슨하게 만든다. 특히 소리 내어 읽기는 글과 나 사이에 대화의 공간을 열어 나와 세계가 아직 연결되어 있다는 감각을 불러일으킨다. 공허함이 줄고, 존재감이 조금 더 분명해진다.

그런 노력을 통해 익숙한 듯 회복되어 가면 된다. 마치 잊었던 이름을 다시 부르듯, 오래전에 읽은 책의 한 문장을 다시 떠올리듯 그렇게 조금씩, 내가 나를 회복해 가는 감각을 느끼면 된다. 그건 다시 삶을 붙드는 일에 가깝다. 고독의 어둠 속에서 살아나는 과정은 작은 불씨가 꺼지지 않고 남아 점점 더 큰 온기로 번져가는 것과 닮아 있다. 이 불씨에 기대어 다시 길을 이어가다 보면, 그 순간이야말로 고독이 옅어지고, 내게 다가와 손을 내미는 세상이 곁에 있음을 느끼는 시간이 된다.

느리게 오는
감정의 이름

"중요한 건, 다시 돌아오는 마음."

순간적인 쾌락은 금세 다른 감정으로 변모한다. 기쁨은 곧 흥분으로 치닫고, 흥분은 금세 피로로 꺼진다. 안도는 어느새 불안을 닮고, 감탄은 금세 실망으로 이어진다. 빠르게 올라오는 감정은 빠르게 식는다. 문제는 오히려 묵은 감정이나 메마른 감정이다. 속을 다 말린 뒤에도 남아 조용히 타들어 가는 것들이다. 힘주어 밀어내도 끄떡 않고, 어느 날 갑자기 전부를 잠식하는 것들이다.

매 순간 열심히 살고 있다고 믿으며 무너지지 않으려 애쓰는 마음일수록, 스러질 땐 돌연히 속절없이 무너진다. 가까운 이의 죽음이나 이별, 반복되던 일상이 무의미해질 때, 지탱하던 마음은 순식간에 낙하한다. 의심조차 하지 않았던 감정이 실은 이미 속도를 붙인 채로 떨어지고 있었던 것이다. 소리 없이 추락하고, 내려앉은 자리는 비어 있다. 메마르고 비틀어진 낙엽처럼, 밟히면 바스러지는 일만 남는다.

그렇게 공허한 감정이 무너지고 나면 도무지 아무것도 떠오르지 않는다. 어떤 일상을 좋아했는지 기억나지 않는다. 무엇을 하고 싶었는지조차 모른다. 기쁨이었던 순간조차 가늠할 수 없다. 마음의 방향이 사라지고, 그 빈자리에 무기력이 들러붙는다. 사람들은 흔히 그 상태를 우울이라고 부르지만, 실은 더 깊고 멍한 감정에 가깝다. 움직이지도, 증발하지도 않은 채, 낯선 무게만 얹힌 감정이다.

포기해 버리면 하루, 이틀, 그러다 일 년을 쉽게 지워버리는 감정의 덫에 걸린다. 벗어나는 감정의 변화는 생각보다 훨씬 느리고, 몸이 먼저 움직여도 마음은 한참 뒤에야 따라온다. 회복은 갑작스러운 환희가 아니라, 물이 끓는 속도가 있듯이 적절한 온도를 되찾는 과정이다.

감정의 변화도 보이지 않는 사이에 일어난다. 무기력에서 벗어나지 못하던 시절, 나는 수조 안에 갇힌 가재 같다는 생각을 했다. 어느 날 상가를 걷다가 한 횟집 수조를 보았다. 뿌연 물속에는 가볍게 떠 있는 가재 한 마리가 있었다. 가재는 가만히 자세를 바꾸다 수조 벽을 기어오르려 했고, 곧 미끄러졌다. 물속에서 허우적거리며 오르려는 그 몸짓이 너무 낯익었다. 출구 없는 곳에서 반복하는 안쓰러운 몸짓이었다.

그 장면은 나의 모습을 시각적으로 마주한 순간이었다. 그날은 단단히 잠겨 있던 마음을 발견한 날이었다. 동시에, 서툴지만 작은 파동이 시작된 날이기도 했다. 그것은 변화라 부르기엔 미약했고, 회복이라 하기에도 조심스러웠다. 다만 감정을 억지로 움직이려 하지는 않았다. 어떤 날은 그대로 두었고, 어떤 날은 미세한 파동에 몸을 기대기도 했다. 감정이 내 걸음을 따라오는 데 시간이 걸린다는 걸 그렇게 조금씩 알아갔다.

감정이 일렁이는 파도를 타면서 그런 시간은 종종 반복되었다. 회복된 듯하다가도 무서워 돌아서고 싶은 날이 있었고, 몸이 반응하면 다시 움츠러들기도 했다. 여러 날 그랬다. 내가 멈추지 않았던 건, 어쩌면 살아 있음을 인지하고 한 걸음이라도 떼려 했기 때문일 것이다. 바닥까지 왔으니 이제는 일어나는 일만 남았다고, 주저앉고 싶은 순간마다 지금 간신히 비껴 있는 문을 닫을 것인가 하고 스스로에게 물었다.

감정의 회복은 결코 빠르지 않다. 그래도 아주 느리게, 파동이 남은 곳에는 치유된 마음이 조금씩 따라붙는다. 다시 살아나는 감정은 무너졌던 자리에서 시작된다. 무너진 감성을 되살려 내게 돌아오는, 조용하고 느린 속도를 받아들이면 된다. 회복을 강요하지 않고, 어제보다 오늘을 조금만 더 열어두면 된다. 내 감정에 환멸을 느낄 필요도 없다. 잘 지은 집도 태풍에 쓰러진다. 한참이 걸리더라도 무너진 자리가 전부는 아니다. 서두르지 않고, 느린 속도로 따라오는 감정을 받아들이며, 다시 내 마음의 온도를 살려가면 된다.

오늘을 견디는 당신에게,
포기하지 않을 마음에게

주변을 둘러보면 늘 평온해 보이는 사람이 있다.

단 하루도 행복해 보이지 않는 사람도 있다.

그 모습이 삶의 진실이 아닌 걸 알면서도

내 삶과 비교하거나 겹쳐 보게 된다.

완벽하지 않아도 괜찮다.

삶은 생각보다 공평해서

모두에게 벽을 세우기도 하고 틈을 내어 주기도 한다.

천천히 가도 괜찮다.

가끔은 멈춰서 내 앞의 풍경을 바라보자.

고독의 잔해를 뚫고 추위를 견딘 어린 싹이 돋고 있을 테니.

5부

한 발짝 더, 내일을 향해

아무 일이 일어나지 않아도
모든 일은 일어난다.
삶은 멈춘 듯한 순간에도
작은 기적으로 나를 불러낸다.

변하지 않는
것들 사이에서

"불안은 평범한 하루에 스며드는
어렴풋한 기척 같은 것."

나는 요즘 삶의 목표가 없다. 그저 그리고 읽고 쓴다. 한때는 살아가는 일이 매일 무엇인가를 바꾸는 것이라고 생각했고, 어느 때는 평범하고 안정적인 생활을 꿈꾸기도 했다. 어제와 오늘에 차이가 없다고 느낄 때, 그 두 마음 모두 나를 조급하고 불안하게 만들었다. 그 마음으로 스스로를 닦달했고, 불안정한 나에게 실망하기도 했다.

어느 날 갑자기 던져진 돌멩이에 파문이 일자, 나는 저항하기 시작했다. 내 연못에는 비단잉어가 살 수 없는 탁한 물이 고여 있었다. 포기한 기억과, 믿음으로 붙잡았던 마음, 끝내 눌러야 했던 부당함이 한꺼번에 밀려와 쓰레기처럼 쌓였다. 변화하고 싶었고, 그 변화의 끝에 마침내 모든 것이 편안하고 행복해지기를 바랐다.

비가 그친 뒤에도 무지개는 좀처럼 뜨지 않는다. 뙤약볕에 그을러 얼굴이 고구마빛이 되던 사람들, 그 위로 쏟아지던 태양이 잠시 수그러들었을 뿐이다. 몇 달 전만 해도 겹겹이 핀 벚꽃이 끝도 보이시 않게 흩날렸다. 그 이전에는 거리의 생물들을 한꺼번에 얼려 죽일 듯 냉정한 바람이 불어왔다. 희망을 주었다가 빼앗고, 빼앗았다가 다른 모습으로 잠시 내놓는 계절에, 나는 익숙한 작은 것들로 나를 지탱했다.

계절이 한 바퀴 돌아도 내 곁에 남아 있는 것들은 변함이 없었다. 베이지색 가죽 소파는 늘 같은 자리에 있었다. 여전히 부드러운 촉감이 손에 익은 진보라색 니트, 몇 번을 시들고도 다시 웃자라는 창가의 초록식물, 매일 아침 거실로 쏟아지는 빛의 방향, 침대 옆 협탁 위의 빨간 머그잔, 늦은 오후 살짝 불거진 오디오의 미약한 소음이 고유의 모습으로 존재한다. 그런 것들은 내 삶의 방향을 바꾸지는 않지만, 나날이 쌓여 내 하루를 균형 있게 만들었다.

세탁기의 둔탁한 회전음, 싱크대 위 접시를 치우며 얻는 짧은 여유, 식탁에 앉아 식어가는 커피를 바라본 아침이 있었다. 코를 유리에 붙이고 풍경을 바라보는 고양이의 숨결이 곁을 따뜻하게 적셨다. 별다를 것 없는 하루가 이어졌지만, 그런 평범함이 불안으로부터 나를 지켜주고 있었다.

큰 감정의 파도가 치지 않아도, 온전히 깨어 있지 못해도, 작은 일상은 어렴풋이 내 편이 되어준다. 한 장 한 장 넘기는 책장 소리가 공기를 깨운다. 샤워 후 젖은 머리카락에서 나는 샴푸 향에서 평안을 느낀다. 복도에 오래 남아 있는 '천

사의 숨'이라는 리드 디퓨저 냄새가 잔잔하게 기분을 좋게 만든다. 사소하고 반복되는 디테일 속에 생각보다 많은 위안이 숨어 있다.

하나하나가 큰 의미를 지니지 않아도, 내 곁에 변함없이 존재하는 것이 있다는 사실은 내일을 약속받는 느낌을 준다. 살다 보면 흔들리는 날과 단단해지는 날이 섞여 있다. 살아가는 힘은 어쩌면 그런 반복 속에 있는지도 모른다. 이대로도 충분하다는 감각, 그 잔잔한 감동 속에서 나는 오늘을 조금은 더 괜찮게 살아내고 있는 것 같다.

글을 쓰면서도 대단한 작가가 되겠다는 목표는 없다. 그저 내가 속한 세계의 정체를 더 잘 들여다보고 싶을 뿐이다. 나를 이해하고 삶의 가까이에서 숨 쉬는 순간마다 생과 함께 호흡하는 느낌이 좋다. 목줄을 죄어 억지로 삶을 끌어당긴다고 해서 더 행복해지거나 불행에서 멀어지지 않는다. 조금은 놓아주고 풀어주면서 내 삶과 친해져야 한다. 움켜쥐려는 순간에 가장 먼저 달아나는 것이 행복이다. 내가 걷고 싶은 길 위에 있는 것, 그리고 한 발자국씩 걸어 나가는 것이 중요하다. 사람은 큰 행복이 없어도 살아간다.

약속 없는
내일이라도

"내일은 약속이 아니라,
내가 걷는 보폭 속에 깃든다."

『달리기를 말할 때 내가 하고 싶은 이야기』에서 무라카미 하루키는 이렇게 말했다. 인생은 손에 넣을 수 있는 것들만으로 이어가는 거라고. 살다 보니 그렇다. 원하는 것은 손을 뻗을수록 멀어지고, 지켜야 할 것들은 뜻밖에 흘러가 버린다. 그 단차에서 오는 실망감이 결국 내 삶을 부족하게 느끼게 한다. 패배감이 고개를 든다. '지금'에 집중하라는 말이 맞는 말처럼 들리다가도, 그 '지금'이 감정의 밑바닥일 때면 오히려 더 깊은 공포와 막막함 속에 빠져들기도 한다. 마치 밀려오는 해일 앞에서 어떤 의지도 가질 수 없이 혼자 서 있는 것처럼, 아무 방향도 보이지 않을 때가 있다.

나와 가까웠던 한 사람은 미국에서 운동화 도매업을 했다. 한때는 장사가 잘되어 그 일대에서 가장 잘 나가는 장사꾼이라 불렸다. 어울리자는 사람도 많았고, 술을 마시자는 거래처도 줄을 이었다. 결혼한 사람이었지만 돈이 불어나니 만나자는 여자들도 늘었다. 어느새 그의 일상에는 일, 술, 여자 외에는 아무것도 남지 않았다. 이민자의 삶은 결코 녹록지 않은데, 그가 미국에 발을 디딘 지 얼마 되지 않아 이룬 성공은 놀라운 것이었다. 그의 사업은 물 흐르듯 이어졌고, 집 두 채를 마련해 세를 주었다. 거의 십 년에 걸쳐 일군 결과였지만, 무리한 사세 확장은 생각보다 쉽게 그를 무너뜨렸다. 어느 대낮, 길거리에서 그를 보았을 때, 그는 종이 봉투에 싼 술병을 손에 들고 있었다. 거뭇하게 그을린 얼굴, 불투명한 눈에는 삶의 윤곽이 무너진 채, 그가 어디에 있는지도 모르는 듯 보였다. 그의 아내는 떠났고, 주변에는 한 사람도 남지 않았다.

미국에 도착했을 때 그의 목표는 단순했다. 한국에서 실패한 인생을 다시 세우고 단란한 가정을 이루는 것이었다. 나중에 그는 조용히 털어놓았다. 그에게 가장 견디기 힘들었던 건 물질적인 실패가 아니라, 존재 자체가 무너져버린 느낌이었다고. 그리고 잃어버린 가장 큰 행복은 아내와 반려견이었다고 했다.

시간이 흐르면서 그는 다시 일어섰다. 그러나 사람과의 관계가 어떤 방식으로 결정되는지 이미 깊이 경험한 뒤였다. 가족이라는 울타리는 되돌릴 수 없었다. 그는 더 이상 무리해서 많은 것을 쥐려 하지 않았지만, 점점 더 무기력해졌다. 밤이면 집에 들어가는 것이 두려워 차 안에서 잠들었고, 삶과 죽음의 경계에서 숨을 붙잡으며 하루를 겨우 넘기곤 했다. 자신을 삼키려는 어둠과 싸우며 또다시 무너지는 것을 두려워했다. 그럼에도 '오늘을 살아내야 한다'는 생각은 날이 갈수록 섬뜩했다고 했다. 삶이 그저 멈춰주길 바라던 밤들도 많았다고.

삶은 무너지는 순간도, 다시 일어서는 순간도 예고하지 않는다. 하루를 겨우 통과하고, 안도와 체념 사이에 잠드는 날도 있다. 다짐을 해도 내일은 뜻대로 흐르지 않는다. 좋은 생각, 조심스러운 준비, 작은 희망들은 예상하지 못한 한 줄기 바람에 흩어지듯 사라진다. 그런 날이 이어질수록 내일이 더 두렵게 느껴지고, 반복되는 하루가 나를 기만하는 것처럼 여겨지기도 한다.

그럴수록 오늘을 조금 더 온전히 받아들이려 애쓴다. 어쩌면 삶은 내일을 미리 담보하지 않는다는 그 불확실성 덕분에 희망일지도 모른다. 느려도 괜찮고, 서툴러도 괜찮다. 기대하지 않았던 날의 아침 햇살이 어깨 위에 내려앉는 순간, 또는 뜻밖의 바람이 뺨에 스칠 때처럼, 내일은 가끔 예상 밖의 다정함으로 다가오기도 한다.

문학 속 장면 하나가 생각난다. 브라질 작가 클라리시 리스펙토르의 단편 「달걀과 닭」에는 요리사의 손에 잡혀 곧 목이 부러질 닭이 나온다. 닭은 있는 힘을 다해 부엌을 벗어나 지붕 위로 도망치지만, 결국 붙잡혀 바닥에 내팽개쳐진다. 죽음 직전, 닭은 알을 낳겠다고 결심한다. 그리고 마침내 알을 낳는다. 그 광경을 지켜보던 가족은 경이로운 닭을 죽이지 못하고, 마당에 풀어 기르기로 한다. 모든 것이 멈추기 직전에도 삶은 미약하게나마 싹을 틔울 수 있다.

잘 살아간다는 건 결코 쉽지 않다. 각오가 행복을 보장하지 않고, 작은 만족이 곧 삶의 몫을 지켜주지도 않는다. 사력을 다해 하루를 버텨야 겨우 한 번 웃을 수 있는 날도 있다. 그러나 그것은 나약함 때문이 아니다. 누구도 완벽할 수 없고, 삶이라는 틀 안에서 우리는 각자의 몫을 감당하고 있을 뿐이다. 나라는 존재는 삶의 테이블 위에 던져진 주사위 같다. 숫자 6이 완벽한 인생이라면, 여섯 번 연속 6이 나올 확률은 거의 불가능하다. 만 번을 던져도 한두 번 나올까 말까 한 일이다. 완벽한 인생이 연속해서 찾아올 확률은 극히 희박하다.

평이한 삶에 만족하는 사람이 있는가 하면, 자극 없음에 지루함을 느끼는 사람도 있다. 삶의 형태는 제각각 다르다. 그러나 만족하는 삶의 공통점이 하나 있다면 자신이 원하는 삶을 분명히 아는 것이다. 그걸 아는 사람은 남의 기대나 세상의 속도에 휩쓸리지 않고, 자기 보폭으로 걸어간다. 기준 없이 쫓기지 않는다는 것만으로도 덜 지치고, 조금은 더 오래, 더 잘 살아낼 수 있다. 내 보폭으로 걸어갈 때, 내일을 약속하지 않아도 오늘의 나를 받아들일 마음이 난다.

천천히 물드는
길 위의 마음

"멈출 건 멈추고,
흘러갈 건 흘러간다는 것을."

한강의 『빛과 실』에는 이런 구절이 있다. 십 년쯤 지나면 처마에 닿을 만큼 커지고 굵어질 가능성을 씨앗일 때부터 가진 나무가, 죽지 않는다면 울창해지고야 만다는 글. 산다는 일도 크게 다르지 않다. 살아남아 결국엔 피어나는 것이다. 피어나 봐야 알게 되는 것들이 있다. 꽃이 피어 당분과 단백질을 내어주고 수정이 이루어져 번식하는 진화론 같은 것이 인생의 진리라는 것처럼. 크게 의미를 두지 않아도 저절로 이루어지는 일들이 많고, 너그러운 시간이 나로부터 생겨난 오물을 닦아내 주기도 한다.

호암미술관으로 들어서는 길은 다붓하고 조용하다. 바람은 겸손하게 낮게 깔리고, 여름을 닮아가는 나무들은 가지 끝에 힘을 준다. 계절이 바뀌는 중이라는 건, 짙은 녹음보다 공기의 무심한 결에서 먼저 느껴진다. 걷는 동안 무사히 지나온 어제와 그제를 떠올린다. 특별한 기대도 없고, 큰 웃음도 없었던 날들이다. 감정의 기복이 없어 그저 살아졌다고만 여겨진다. 그런데도 이상하게 그날의 공기, 입안에 향긋하게 머물던 바닐라 향, 건너편 라일락에 숨어 낯선 울음을 내던 작은 새 무리의 소리는 진하게 남아 있다. 좋았거나 나

빴거나 하는 문제가 아니다. 보이지 않는 이의 따뜻한 숨결이 머물렀던 것 같은, 내 안 어딘가에서 아직 숨 쉬고 있는 감각을 깨우던 발견의 날들이다.

오늘은 5월의 햇살 좋은 날이다. 미술관 정문에서부터 나긋나긋 걷는다. 비즈 장식이 아랫단에서 반짝이는 발목 길이의 리넨 원피스 자락을 살짝 걷어차며 걸어간다. 길가의 억새는 부드럽게 흔들리고, 물을 머금은 흙냄새가 낮게 퍼진다. 미술관 앞 연못을 따라 걷다 보면 돌 위에 앉은 백로가 눈에 들어온다. 공작새는 사람이 드문 샛길에서 우아하게 춤을 추듯 걷는다. 새와 나 사이에 불신이 없다는 건, 그 몸짓에 불안이 없다는 데서 알 수 있다. 움직이지 않고 조용히 새를 보고 있자니, 나도 괜히 숨을 고르게 된다. 그곳의 모든 것이 제자리를 지키고 있다는 생각이 든다. 조용히, 그러나 분명하게, 나는 그 안에서 감정의 흐름이 멈춰버린 듯했던 나날을 떠올린다. 흘려보내고 또 흘려보냈다. 자책하지 않으려 애썼던 날들이었다. 그런 날들이 떠오른다.

이럴 때면 무뎌졌다고 여긴 감정이 불쑥 되살아나는 순간이 있다. 침대에 모로 누워 창밖의 구름을 바라보던 밤이 있었다. 자전거를 타고 목적지 없이 달리며 비어 있는 가슴에 바람을 통과시키던 오후를 기억한다. 뭉툭하게 깎인 연필로 줄노트에 끄적이던 순간들이 생생하게 느껴진다. 그립지 않은 것들을 그리워하며 영문 없이 무너지던 순간이 힘겨웠다. 이제 그 안에 흔들리는 감정은 없다. 다만 상처 입었던 영혼과, 도망치고 싶었던 눅눅한 그늘과 습기의 냄새는 여전히 기억한다.

미술관 안으로 들어선 나는 정선의 〈인왕제색도〉 앞에 한참을 서 있다. 비 갠 뒤의 인왕산이 있다. 안개처럼 번지는 여백과 검게 눅인 화강암의 결이 보인다. 화면 전체가 조용히 숨을 내쉰다. 붓질 하나에도 바람이 머물고, 먹의 번짐에도 고요가 스민다. 그림에 대한 설명을 읽지 않아도 느낄 수 있는 건 그림이 숨 쉬고 있어서다. 비가 그친 뒤의 마음, 말로 다 닿지 않는 알 수 없는 감정의 결이 이야기를 건네고 있다. 아무 말 없이 오래 바라보는 것만으로도 나는 그 감정에 조금씩 닿는다.

보고 있다고 해서, 보고 있는 것을 하나의 답으로 이해하려 하지 않아도 좋다. 내 몸에 남아 있는 감각을 따라 걷고 있다는 사실만으로 위로가 된다. 오늘도 감정이 뚜렷하지 않은 날일지 모른다. 그러나 걸음을 멈추고 고개를 들었을 때, 나는 조금 달라져 있다. 시간은 나를 그냥 흘려보내지 않는다. 오래 머물게 한다.

돌아가는 길에 작은 벤치에 잠시 앉는다. 따뜻한 차를 한 모금 마시며 멀리 부드럽게 흐르는 능선을 바라본다. 햇빛이 들고, 바람이 불고, 산은 묵묵히 솟아 있다. 그게 좋다. 멈출 것은 멈춰 있고 흘러갈 것은 흘러간다는 사실이, 나를 조금 더 안심시킨다. 오늘 하루도 별다를 것 없이 지나가겠지만, 이렇게 평안하고 아무 일도 없는 날이 언젠가는 다시 그리워질지도 모른다. 내 안에는 여전히 살아 있는 감정을 붙들려는 의지가 있다. 작은 숨과 멈춰 선 순간, 말없이 눈을 맞춘 예술작품이 만들어주는 시간의 존재가 그 의지를 보여준다.

지금의 나는 그런 시간을 기억하며 살아가지만, 무의미해 보였던 날들이 여전히 이어지고 있는지도 모른다. 그렇다면 새로운 감정과 때때로 저지르는 일탈로 내 모습을 간혹 바꾸어, 다른 삶처럼 보이는 걸 수도 있다. 그래도 상관없다.

꽃이 눈앞에 환히 피어 황홀할 때도 있는 삶이, 지금이니까.

삶이 나를
붙드는 방식

"삶은 보이지 않는 방식으로도
마음을 일으켜 세운다."

「삶이 나를 붙드는 방식」이라는 제목을 붙여 놓고도 나흘 동안은 한 글자도 쓰지 못했다. 대신 읽던 두 권에 전에 읽었던 네 권을 더해 다섯 권을 병렬 독서하기 시작했다. 지인이 낸 시집 한 권, 페르난두 페소아의 시집 한 권, 소설 『닭과 달걀』, 소설 『작은 땅의 야수들』, 한강의 『빛과 실』 그리고 『채식주의자』를 다시 펼친다. 사실 최근에 왼쪽 얼굴로 바닥에 넘어지는 바람에 인대를 붙이는 치료와 찢어진 망막을 레이저로 붙이는 치료를 받고 있다. 얼굴 부기는 거의 빠졌지만 눈과 광대뼈 사이에 노르스름하게 변한 멍은 빠지지 않았다. 황달에 걸린 사람처럼 누렇게 보이는 얼굴을 보고 있으면 약간 우울해지기도 한다.

　넘어진 일은 정말 당혹스러웠다. 열대야 때문인지 잠결에 너무 덥다고 생각했는데 어느 순간 나는 거실 바닥에 누워 아픈 광대뼈 쪽을 부여잡고 끙끙대고 있었다. 아마도 전날 먹은 감기약에 취해 휘청대다 내 발에 걸려 넘어졌던 듯하나. 다음 날부터 얼굴 반쪽이 코끼리처럼 부어올랐다. 그대로 나흘을 얼음찜질하며 버텼지만 도무지 가라앉지 않아 정형외과를 찾았다. 인대가 끊어졌다고 했다. 오늘까지 일곱

번의 인대 치료를 받았다. 다행히 티 나지 않게 아물고 있지만 통증이 남아 있어 몇 번은 더 병원에 가야 할 듯하다.

전시회를 보러 다닐 수도 없고, 넘어졌던 충격 때문인지 머릿속에 일정한 음파 같은 것이 들리며 멍해져 글도 쓰기 힘들었다. 대신 책에 더 몰입하기로 했다. 처음에는 방금 읽고도 내용이 선명하게 기억나지 않아 큰일이라도 난 게 아닌가 걱정했지만, 몇 번을 덮었다가 다시 펼치기를 반복했다.

한 달이 다 되어가도록 집안에만 갇혀 있으니 몸이 들썩인다. 아침 햇살이 방 안 바닥에 번지고 반쯤 닫힌 커튼 사이로 스며든 빛이 원목에 미끄러지며 얼룩을 남긴다. 눕거나 앉을 때마다 그 얼룩에 몸이 걸쳐진다. 그렇게 하루가 또 시작된다. 어제는 오래 입었던 셔츠 하나를 버렸다. 목깃이 낡았고 소매 끝은 올이 풀려 있었다. 빨래를 너는 와중에 무심히 분리수거 박스 옆 종이봉투 안에 넣었다. 그 셔츠는 어느 여름, 일본 후쿠오카 여행 중 한 편집숍에서 산 옷이었다.

기후 차이 때문에 도착하자마자 사서 여행 내내 입고 다녔다. 오랜만에 떠난 여행에서 더 많은 기억을 주워 담으려는 듯 부리나케 쫓아다니며 쇼핑을 했다. 길거리는 눈을 통해 머리로, 가슴속으로 쏟아져 들어왔고 작은 건물들에 익숙해지려는 듯 골목 구석구석을 훑으며 걸었다. 개성이 묻어나는 옷차림을 한 남녀의 뒷모습이 예뻐 사진을 찍기도 하고, 라멘집에서 하카타 라멘을 성급히 먹던 빼빼마른 남자의 패인 볼을 뚫어지게 보기도 했다. 빌라 앞쪽에 놓인 작은 꽃잎들은 한국에서 보던 여느 꽃들과 달리 파르스름해 눈길을 빼앗겼다. 셔츠에는 그런 순간들이 함께 묻어 있었다. 셔츠를 버리자 생각은 다른 사물들로 옮겨간다.

나는 이따금 과거를 특정 사물로 기억한다. 냉장고에 붙어 있는 마그넷, 나무 손잡이가 달린 머그컵, 오래전의 다이어리 같은 물건들을 통한다. 그것들을 보고 있으면 그 시절의 온도, 공기, 분위기 같은 것들이 되살아난다. 마음은 때로 구체적인 물건을 발판 삼아 과거로 건너간다.

나는 그 속에서 아주 작은 감각 하나에도 붙들린다. 한 줄기 햇빛, 입안에 남는 사과의 식감이나 낯선 이의 웃음소리처럼 스쳐 가는 냄새 같은 것들을 느낀다. 나는 그것들을 놓치지 않으려 애쓴다. 대단한 이야기를 만들지 않아도 마음이 움찔대는 기분 좋은 자극이다.

갑작스러운 사고로 꼼짝없이 집안에 있으면서 나는 더 많은 책을 읽고 다양한 글을 통해 세상을 접하고 있다. 차 한 잔을 마시며 쉴 때는 집에 놓인 물건을 하나씩 짚어보며 돋보기를 들어 남의 생을 들여다보듯 흥미롭게 지나온 시간을 읽는다. 지워버리고 싶은 기억보다 행복한 순간들이 더 많이 담겨 있다. 이제는 그 순간들을 떠올리며 웃을 수 있다.

지친 날일수록 마음은 더 작은 것에 반응한다. 창밖의 햇빛, 창틀을 스치는 바람, 길가의 꽃 한 송이가 소중하다. 그런 사소한 감각들이 오늘도 괜찮다고 속삭인다. 삶은 그렇게, 내가 알지 못하는 방식으로 나를 붙든다. 마음은 그 덕분에 천천히 상처를 닦아내며 다시 일어난다.

내일을 부르는
작은 신호

"부서져도 괜찮다, 다시 일어설 테니까."

어떤 무서운 경험을 한 번이라도 겪은 사람은 어쩔 수 없이 몸과 마음으로 뭔가를 배운다. 삶은 그렇게 끝없이 익히고 또 배우는 과정이다. 때로는 기본기를 다시 익혀야 할 때도 있다. 운동을 배우더라도 기본기가 탄탄하지 않거나 잘못 익혀 성적을 낼 수 없는 자세라면, 선생을 다시 만나 훈련을 받는다. 육체적인 아픔이 뒤따른다. 아쉽게도 삶에는 가르쳐 주는 선생이 없다. 그래서 우리는 때때로 갑작스러운 일 앞에서 스스로 배운다.

인생에서는 만사가 내 생각대로 움직이지 않는다. 한밤중이나 새벽에 울리는 전화는 대부분 나쁜 소식을 전한다. 누군가가 다치거나 죽었거나 하는 일들이다. 이미 벌어진 일과 받은 전화는 물릴 수 없다. 그대로 겪어내는 수밖에 없다. 그런 이유로 다음의 계획이 필요해진다. 내가 감당해야 하는 시간들에 대한 숙고가 필요하다.

처음 불안정하고 힘겨운 감정으로부터 멀어졌다고 느꼈을 때, 이제는 투명한 상대와의 싸움을 멈추고 애쓰지 않아도 되겠구나 하는 안도감이 솟구쳤다. 그것은 해방감이라기보다는 사막을 걷다가 죽을 것 같은 즈음에 발견한 오아시

스로 사력을 다해 달려가, 물을 마실 때와 비슷할 것 같다. 영화 속 주인공이 구름 위로 떠 있는 비행기에서 뛰어내려 거의 땅에 닿을 때야 간신히 낙하선이 펼쳐지는 장면과도 겹친다.

내가 벗어날 수 없었던, 한없이 꺼지던 무력감에 대해서 지금도 정확히 설명할 수 없다. 그럼에도 지금은 꽤 괜찮다. 왜 그럴까. 앞에서 이런저런 생각들을 정리해 보았지만, 정확히는 나도 알 수 없다. 그저 나이를 더 먹었기 때문일 수도 있다. 또 다른 원인이 정신적인 지지대를 세워주었을 수도 있다. 아니면 중요한 무언가를 어느 무심한 날에 깨달았을 수도 있다. 지금의 나날은 나무 안에서 순환하던 고로쇠 수액이 흠집 난 줄기를 통해 겉으로 흘러나와 자연스럽게 단맛을 맛보는 순간과 비슷하다.

멀리 바다를 본다. 바다 위로 둥둥 떠 있으면서도 바닷속으로 가라앉지 않는 구름이 있다. 수평선을 바라보거나 바닷속을 궁금해하지 않았다면 더 나았을지도 모른다. 정작 궁금해해야 했던 건 내 안의 편린들이었다. 내면에서 툭툭 떨어지는 것들의 정체를 물었다면 더 나았을 것이다. 절대

내 삶에 친밀하지 않은 불편한 조각들 말이다. 내 마음에는 드문드문 긁히고 터져 꿰매어진 상처들이 남았다. 지금은 내 의지와 상관없이 그것들과 함께 살아간다. 나와는 애증의 관계로 거리를 둔 채 남아 있다.

어디에서 어떤 충격으로 삶의 균형이 깨졌는지를 이해한다고 해도, 그것이 영원히 치유될 것 같지는 않다. 트리거가 당겨질 때마다 그 기억은 되살아날지 모른다. 나는 감정을 숨기지 않고 이해하는 연습을 한다. 깨져버린 회화도자의 조각을 맞추다 보면 조각에 그려진 그림을 세심히 보게 된다. 깊은 산속에서 안개가 걷히면 숲을 웅장하게 만드는 단풍나무, 전나무가 선명하게 드러나는 것과 같다. 한 가지 연습을 계속하는 건 피로한 일이지만, 그렇게 연습하다 보면 저절로 알게 되는 것들이 있다.

나는 걷던 길을 잃어 많은 시간을 허비했다. 그때 나침반을 자주 들여다보고 쉬엄쉬엄 걸으며 길의 모양을 읽었다면 어땠을까. 이미 마음이 허둥대다 쓰러진 뒤에는 생각이 거기까지 미치지 못했다. 예상 밖의 감정 속에서 힘겨운 시간을 견디며 외롭게 살아냈다. 일단 이만큼 오고 나니 그 자취는 언제 그랬냐는 듯 사라졌다.

앞으로도 주어진 인생을 살아내야 한다. 지금도 순간순간 닥치는 난제를 온 힘을 다해 해결해 간다. 나는 내 한 걸음 한 걸음에 의식을 집중한다. 당장의 사건보다는 멀리 시선을 두고 넓게 펼쳐지는 정경을 보며 살아가자고 마음에 새긴다.

우리는 시간과 세월에 공을 들여 조금이라도 원하는 것에 다가가며 살아간다. 사소한 기쁨이나 행복, 극복한 실패에 대한 자신감, 아주 작은 것에서 얻는 즐거움을 통해 인생을 배운다. 정확한 목적지에 도달하지 못하더라도 내가 원하는 삶에 최대한 가까이 간다. 작디작은 것들로부터 내 삶을 밝히면서 걷는다.

새벽녘, 알람이 울리기 전 창문에 스며드는 희미한 빛이 전하는 온기.

청아하게 들려오는 아직 낯선 새소리 같은,

늦은 가을 발아래서 부서지는 마른 낙엽의 여운 같은 떨림.

12월의 마지막, 남은 캘린더를 넘기며 맞이하는 숫자 1.

타닥타닥 적막을 깨뜨리는 타이핑 소리와

마지막 책장을 넘기며 손끝에 남는 기억으로.

오늘을 견디는 당신에게, 포기하지 않을 마음에게

불행하다고 느껴지는 순간에도

굳이 행복이란 단어에 매달릴 필요는 없다.

삶은 행복을 다양한 모습으로 드러낸다.

평범한 웃음으로, 뜻밖의 자극으로,

공허한 날엔 불쑥 힘주어 안아 주기도 한다.

지치는 날에는 사소한 것에 마음을 기대 보자.

사소한 것이 가장 오래 남는다.

계절의 향기일 수도, 낡은 물건일 수도,

상처 입은 자리에 남은 흉터가 힘이 되기도 한다.

그것들 덕분에 다시 걸을 수 있다.

아무것도 약속하지 않는 내일이어도, 삶은 여기 있음에.

나가는 글

 책 속에는 고양이와 비, 카페, 책 같은 것들이 자주 등장한다. 어떤 날에도 내게 가장 가까이 있던 것들이다. 내게 위안이자 정이었고 은신처 같은 존재였다. 소멸할 것 같지 않던 감정이 더 깊은 늪이 되지 않고, 다른 발상을 만들고 발끝에서 일어나는 도약을 끌어낸 건 다 그들 덕분이 아닐까.

 그래서 이제는 살아가는 일에 큰 의미를 두지 않는 일. 지루한 일상의 알을 깨뜨리는 일. 평범한 일상에 감사하며 앞으로 나아가는 일. 내게는 이런 것들이 중요해졌다. 내가 존재하는 이유와 가치가 무엇보다 중요하다. 오래 곁에 두고 읽는 책, 『시지프의 신화』의 작가 알베르 카뮈의 중심 사상 중 하나는 삶은 본래 무의미하다는 것이다. 그러나 인간은 그 무의미를 감내하면서 스스로 의미를 만들어 간다. 살다 보면 닥치는 모든 고난에 이유가 있는 건 아니다.

다만 어떤 일들에는 반드시 거쳐야 할 과정과 이유가 있다. 내 삶에도 설명할 수 없는 무게가 있었다. 오랜 시간 고함을 치고 싶었지만 참았다. 삶이 진저리 나게 싫어지는 이유 같은 것들은 모두 내 안에 있었다. 그때 떠오른 건 소포클레스의 『오이디푸스왕』에서 예언자가 했다는 말이었다. 결국, 그대가 그대의 재앙이라오.

스스로 만들어낸 수많은 불안과 무력감, 상실의 이유가 '나'라는 사실을 받아들이지 않으면, 아무 일 없이 지나갈 수 없는 삶의 구역이 있다. 누군가 내 발을 밟았기 때문이라고, 지나가던 험상궂은 사람이 내 어깨를 치고 지나갔기 때문이라고 믿는다면 어쩌면 그 구역에는 갇히지 않을지도 모른다. 그러나 내 안의 불행이 나라는 걸 알게 되는 순간, 시작과 끝 역시 나라는 걸 인정하게 된다. 그리고 내 마음을 돌볼 시간도 찾아온다. 삶은 무겁고 동시에 공허하지만, 그 무게와 공허 속에서만 비로소 만나는 내 자신의 모습이 있다.

그 자리에서 삶이 요동치는 이유와 그 속에서 피어나는 가능성도 함께 보인다.

삶이 편하기만 했다면, 어떤 위대한 역사도, 위인도 존재하지 않았을 것이다. 삶은 요동치고, 때로는 극도로 침묵하며 아름다움을 만들어 낸다. 감정이 혼란스러울 때 길이 열리기도 한다. 포기하지 않고 하루를 버티는 동안, 삶은 저도 모르게 변화를 품기도 하기 때문이다. 빈센트 반 고흐는 고독과 정신적 혼란 속에서도 끝까지 그림을 그려 훗날 세계 미술의 전환점을 만들었다. 어떤 사람은 자신의 나이를 고민한다. 그로 인해 움츠러들고 삶이 재미없어지기도 한다. 그러나 삶은 나이가 들었다고 가능성을 빼앗지 않는다. 화가 애나 메리 로버트슨 모지스, 일명 모지스 할머니는 78세에 그림을 시작했다. 정식 미술 교육을 받은 적도 없었지만, 손가락 관절염으로 바느질이 어려워졌을 때, 가볍게 붓을 들며 우연히 시작했다. 소중한 것은 시간과 상관없이 찾아와 머문다.

나는 『신문지에 싸인 꽃다발』에서 이렇게 쓴 적이 있다. "가장 소중한 것은 보이지 않는 곳에서 조용히 기다리다 소멸한다."

 어떤 일이 될지 안 될지는 나중의 몫이다. 무기력 속에서 들려오는 부정은 눈에 보이는 것들에 속은 착각일 뿐이다. 정작 소중한 것은 늘 외면당하면서도 조용히 긍정의 빛을 간직한 채 기다리고 있다.

 가장 깊은 기쁨은 슬픔의 바다에서 솟아올랐다. 무너지는 순간에도 내가 어떻게 서 있고 싶은지를 선택할 수 있었다. 내 의지가 미세하게 움직일 때에도 가능성과 변화는 멀리 있지 않았다. 창가에 앉은 고양이가 빗줄기를 바라보던 그날처럼, 오래 나를 지켜온 작은 것들이 여전히 내 곁에서 숨 쉰다. 그 조용한 숨결 속에서 나는 내일을 맞이할 준비를 한다.

 이 책이 혼자라고 생각하는 당신에게 친구가 되어 주길 바라는 마음을 담는다.